JN115004

子どもがまっすぐ育つ

言葉かけ大全

小学校教師
メンタル心理カウンセラー
三好真史

フォレスト出版

はじめに

何気ない親の言葉かけは、毎日の生活の中で、何百回、何千回と繰り返されています。その言葉を聞いて育つ子どもに、大きな影響を与えます。

本書では、これまではっきりと体系化されることのなかった「親の言葉かけ」について解明していきます。

今までになかった、子どもを育てるための言葉を集めた辞典のような本です。

これまでの言葉かけの書籍においては、「こういう場合はこういう言葉かけをするとよい」というような内容が扱われることは多くありました。

たとえば、「レストランで泣きわめく子どもは、なだめましょう」とか「ワガママを言う場合には、傾聴しましょう」などというように。

本書では、そのようなワンパターンな対応の仕方を否定します。

なぜならば、子ども個人や親の性格、子どもと親との関係性などを考慮すれば、「こうすればうまくいく」というような定番の言葉かけは存在しないと考えられるからです。

「ケースに応じた言葉かけ」を学ぶ必要はないのです。

それよりも、いくつもの言葉の技法について知り、その子どもにとって適切な言葉を選びとれるようにするのが望ましいといえます。


私は小学校教師として13年間、子どもたちに教えてきました。

さらに現在では、京都大学大学院教育学研究科にて、よりよい教育の方法について研究しています。

そのなかで、「大人が子どもに対して、どのような言葉をかければやる気になるのか」について注目してきました。

言葉かけについて分類して、まとめていくと、いくつもの技法があって、それらを組み合わせて言葉かけがなされていることが明らかになってきました。

カウンセリング、コーチング、アドラー心理学、応用行動分析、交流分析、ペップトークなどの観点から言葉かけを理論化して、誰でも使うことができるようにまとめたのが本書です。

本書が描くゴールは、すべての親が、しかるべきタイミングにおいて、適切な言葉かけを使えるようになることです。

子育てについての知識が浅い親にとっては、子どもを育てる言葉かけについて知る機会となることでしょう。すでに子育てについてよく学んでいる親にとっては、自分自身の言葉のかけ方について、もう一度見直して、よりよい言葉のかけ方を検討する機会となることでしょう。

本書の中には、例文がいくつも出てきます。

それらについては、「暗記すればよい」とか「模倣すればよい」というものではありません。

……というよりも、暗記や模倣するやり方を否定します。

繰り返しになりますが、言葉かけには「こういう場合はこう言えばよい」という正解がありません。例文は、あくまでも一例にしか過ぎないのです。

掲載されている例文を参考にしながら、今ある子どもの課題に置き換えて活用してみてください。

言葉かけというのは、難しいことではありません。

ほんの少し、親が、子どもに声をかけるときに意識してみるだけでいいのです。

それだけで、まるで魔法のように、親と子どもの関係が変わっていきます。

小さな気遣いをしながら言葉をかけ、まっすぐ育てていきましょう。

本書の使い方

本書では、子どもを育てる言葉かけについて、**「ほめ言葉」「叱り言葉」「問いかけ言葉」「はげまし言葉」「挑発言葉」**というように、大きく5種類に分類しています。

そして、それらの中にケーススタディを入れ、要点をまとめています。

さらに、1つの種類につき、10の技法を紹介しています。

これらをまとめると、次のような流れになります。

①5つの種類の言葉かけ
②言葉かけのポイントやレベルアップ
③BEFOREケースから要点を学ぶ
④言葉かけの技法を用いたAFTERケース
⑤使用された技法の解説

本書を読み進めながら、「使うことのできている技法」と、「使うことのできていない技法」に分けてみましょう。巻末の資料を用いて、できている技法にチェックを入れて、未習得の技法を洗い出すようにすると効果的です。

本書の言葉かけには、合計で50の技法があります。

とはいえ、本書のすべての技法をできるようになる必要はありません。

使うことのできていない技法の中から、「やってみよう」と思うものを選びとり、使ってみて、チェックを増やすように心がけましょう。

そうすることで、自分の言葉かけのレパートリーが増えていき、様々な子どもの状態に対応できるようになります。

いってみれば、言葉かけというのは実技です。読むだけでは、まだまだ足りません。

読書を通して言葉かけについて学ぶことは、「ホームランの打ち方を本から学んでいる」ようなもの。打ち方が分かったとしても、実際に練習しなければホームランは打てません。

それと同じように、言葉かけも、本書で学んで実践を積んでこそ力になります。**子どもと向き合う中で使えて、習慣化されるようになってこそ、本書の学びは完結します。**読書している間や、読み切った後でさえも、まだ習得の過程であると捉えておきましょう。

『子どもがまっすぐ育つ育つ言葉かけ大全』もくじ

第1章 言葉かけの基本的な心構え

第2章 ほめ言葉の技法

第3章 叱り言葉の技法

第4章 問いかけ言葉の技法

第5章 はげまし言葉の技法

第6章 挑発言葉の技法

ブックデザイン 喜來詩織（エントツ）
イラスト さとうりさ
図版制作 二神さやか
DTP キャップス
校正 広瀬泉

第1章

言葉かけの基本的な心構え

言葉かけは心の水やり

BEFORE

（いつも注意されてしまう部屋の片づけを、今日は自分からやってみよう。よーし、できた）

……。

（お母さんは、なんて言うかな？）

……。

（え？　何も言ってくれない……私のことは、気にならないんだな……がんばったのにな）

そもそも言葉かけというのは、子どもを教育していくうえで、どれくらい大切なものなのでしょうか。

言葉かけなくして、子どもを育てることはできないのでしょうか。

ここでは、西洋に伝わる逸話を紹介します。

ヨーロッパにフリードリヒⅡ世（1194－1250）という神聖ローマ皇帝がいました。

様々な人体実験を行っていた彼は、あることに目を向けます。

それは、「言葉を教わらないで育った子どもは、どのような言葉を話すのか」というものでした。

赤ちゃんが言葉を話し出すことについて、疑問に思ったのです。

これを検証するために、50人の赤ちゃんが一堂に集められました。

その実験では、赤ちゃんに対して「目を合わせない」「笑いかけない」「語りかけない」というように、一切のスキンシップを排除して、乳母や看護師たちが世話をしました。

しかし、この実験は途中で中止となりました。

なんと、赤ちゃんたちは、十分にミルクを与えられていたにもかかわらず、次々と亡くなってしまったのです。

この話から分かるように、人間が育つ過程には、人との関わりが必要です。

植物は、水を与えられなければ生きられません。

それと同じように、**人は、人との関わりがなければ生きてはいられないのです。**


人と人との関わりのことを、アメリカの精神分析医エリック・バーンによって提唱された心理学理論である交流分析では**「ストローク」**と呼びます。

ストロークというのは、もともと「なぞる」とか「さする」という身体的な接触を意味する言葉です。人の発達に伴って生じる「存在の認知を示す行動」をストロークといいます。

体が成長するうえでタンパク質やビタミンなどが必要であるように、心にも栄養が必要です。

心の栄養、それがストロークなのです。

ストロークには、様々なものがあります。

◎親が子どもに「おはよう」と言う。
◎泣いている子どもに「大丈夫だよ」と言葉をかける。
◎ギュッと抱きしめてあげる。
◎試験でうまく成果を出せなかった子どもに、「次はうまくいくよ」と声をかけて、

肩をポンと叩く。

これらは、すべてストロークです。

子どもたちが健全に成長するために、言葉かけは欠かせないものだといえます。

子どもに教育をするにあたっては、多くの言葉をかけられるようになりましょう。

愛情のこもった言葉かけがストロークとなり、子どもの心を健全に育てていくのです。

AFTER

（いつも注意されてしまう部屋の片づけを、今日は自分からやってみよう。よーし、できた）

わっ、お片づけ、今日はできたのね！【ストローク】

えへへ……。

部屋がきれいになって、お母さんもうれしいよ。ありがとう。【ストローク】

うん！（お母さんに感謝された！　これからも、片づけをやってみようかな！）

子どもの成長を左右する言葉かけ

BEFORE

見て見て！　この間の算数のテスト、100点だったよ！
さすが！　○○ちゃんは、頭がいいなあ。デキがいいんだな！
うん。

〈次のテストで60点をとった〉
ああ、60点だった……。
（もしかすると私は、頭のデキがよくないんじゃないかな……）

子どもが成功や失敗をしたときに、親は言葉をかけます。
その言葉は、次のうちのどちらかになります。

◎「才能」に結びつける
◎「努力」に結びつける

実は、大人になってからの生き方は、子どもの頃の「ほめられ方」によって決まる確率が高いとされています。

では、「才能」と「努力」、どちらに目を向けた言葉かけをしていけばよいものでしょうか。

「才能」に焦点を当てる言葉かけとは、次のようなものです。

「才能があるね！」
「挑戦しただけ、えらいじゃないか」
「これは、君には向いていないことだね」

一方で、「努力」に焦点を当てる言葉かけとは、次のようなものです。

「よくがんばったね！」

「どうやったらうまくいくのか、一緒に考えてみよう」
「すぐにできなくても、気にしなくていいよ」

実は、仮によくできていることであったとしても、「才能」に目を向けないほうがよいとされています。

なぜなら、「才能」に焦点を当ててしまうと、うまくいかないときに「僕には才能がないんだ」「私にはできないんだ」と捉えさせてしまうことになるからです。

でも、「努力」に焦点を当てていれば、うまくいかないときでも「私の努力が足りなかったんだ」「何を改善すればいいのかな」と前向きに取り組むことができます。

結果として、これが**「物事をやり抜く力」**を育てることにつながっていくのです。

だから親は、結果に対して寛容であることが大切です。

結果よりも、**「努力することに意義がある」**という態度を保ちましょう。

「人間はその気になれば、なんでも学んで身につけることができるのだ」と信じていることを、親が態度や言葉によって示すようにするのです。

AFTER

見て見て！　この間の算数のテスト、100点だったよ！

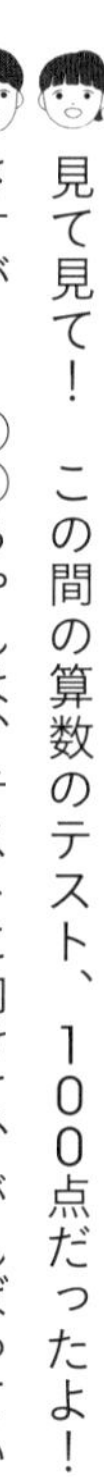
さすが！　○○ちゃんは、テストに向けて、がんばっていたもんね。
日頃の努力の成果が出たね。【努力への結びつけ】

うん！

〔次のテストで60点をとった〕

60点か。きっと努力が足りなかったんだな。もう1回、きちんと復習しよう！

厳しさと優しさをあわせ持つ

子どもと接している中では、「厳しくあるべきか」それとも「優しくあるべきか」というのは、悩むところではないでしょうか。
ある研究結果をもとにして、親のあり方について考えていきましょう。

2001年、心理学者のローレンス・スタインバーグが行った実験があります。約1万人のアメリカの10代の子どもたちに対して「親の行動」に関するアンケートを取りました。

親が、どのように子どもと接したり、言葉をかけたりしているかを調査したのです。

その結果、「温かくも厳しく子どもの自主性を尊重する親」を持つ子どもたちは、ほかの子どもたちよりも学校の成績がよいということが分かりました。

そのような子どもたちについては、次のような結果も明らかになりました。

◎自主性が強い
◎不安症やうつ病になる確率が低い
◎非行に走る確率が低い

素晴らしい結果ではないでしょうか。

「温かく」というのは、子どもに惜しみない支援を送ることであり、「優しくする」とも捉えられます。

つまり、親は「優しく」かつ「厳しく」子どもと接するようにすればよいということになります。


ただ、「優しくも厳しい」ということには、なんだか違和感を覚えませんか。

私たちは「優しい」というのと「厳しい」というものを、「どちらかにすべきではないのか」と考えがちです。

でも実は、これらは両立が可能なのです。

「優しい」の反対を「冷たい」、「厳しい」の反対を「甘い」として軸をつくると、23ページの図のような4つの育て方が見えてきます。

ここでは、4つの育て方についてまとめていきますので、自分の子育てのやり方がどれに当てはまるのかを見てみましょう。

①賢明な育て方（優しくて厳しい）

この親は、子どもの能力を最大限に引き出すためには、愛情と自由を与えるのと同時に、行動への限度を示すようにすることも必要であると考えています。

そのような親の毅然とした態度は、「権力」ではなくて、「知識と知恵」に基づいています。

親の厳しい要求を受けつつ、なおかつ温かな支援を受けた子どもは、伸び伸びと賢明な方向へと育っていきます。

②独裁的な育て方（冷たくて厳しい）

子どもたちに厳しく言うけれども、フォローのない親といえます。

親が、子どもに対して厳しい要求を突きつけます。

その割には、子どもの困っている姿に対して手を差しのべることがありません。

子どもにとっては、自分の要求が尊重されていないため、自主性が育ちません。不

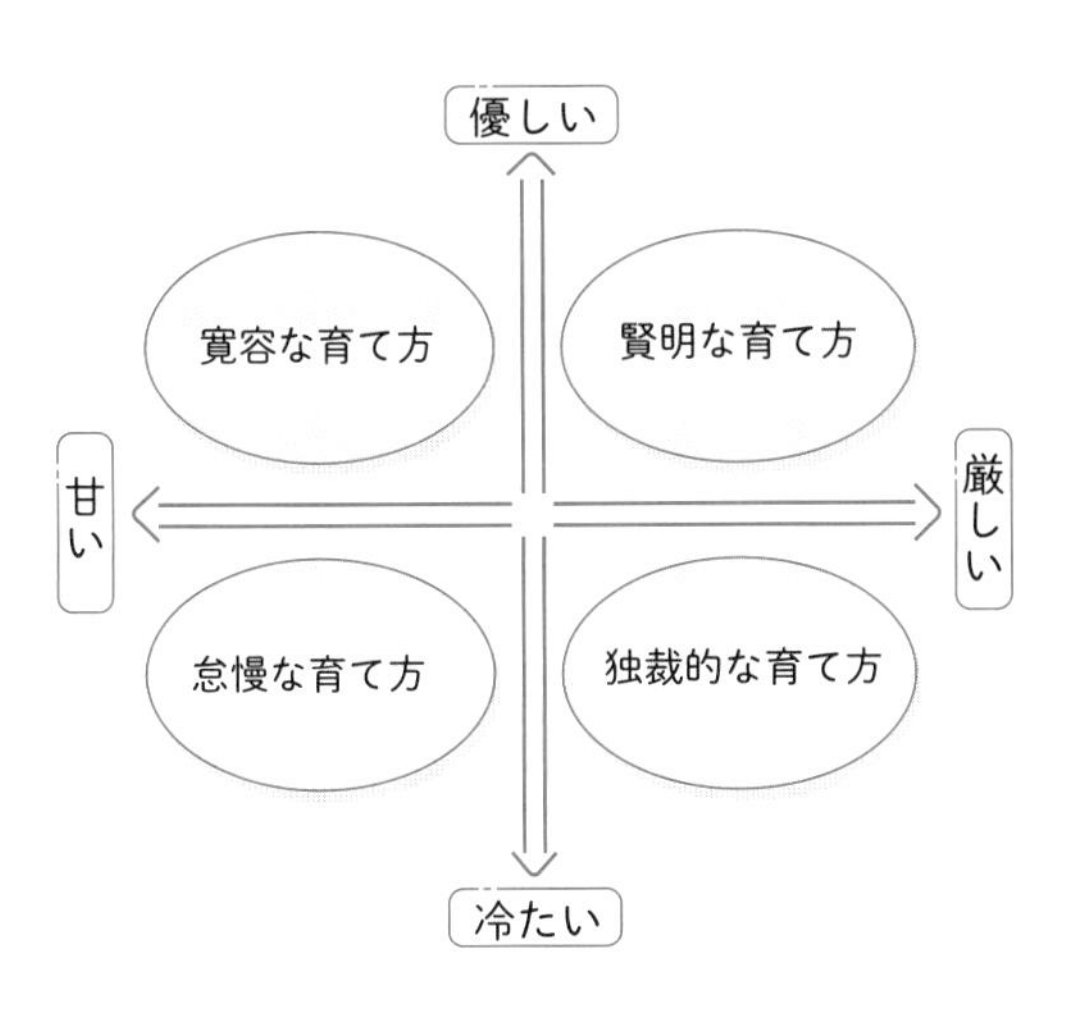

安を感じたり、非行に走ったりすることが考えられます。

親の前ではイイ子にしているけれども、友達の前や学校では横暴な態度をとるなどの問題が生じるようになります。

③寛容な育て方（優しくて甘い）

子どもに支援は惜しまないけれども、あまり要求することがない親が当てはまります。**子どものびのびと過ごしますが、要求されることがないため、成績の向上などはなかなか見られません。**また、子どもの自主性を重んじるあまり、しつけられておらず、だらしのない面が見られることも考えられます。

④ 怠慢な育て方（冷たくて甘い）

子どもに対して何も要求せず、支援もしないような親が該当します。厳しく言うこともなく、子どもたちを支援することもないわけですから、「ただ子どもと一緒にいる人」という立場でいる親です。

このような怠慢な育て方をした場合には、情緒的に「非常に有害な状態」が生じるとされています。

こうして4つの種類の子育てを見ていると、**厳しさと優しさをあわせ持つ育て方が**よいということが見えてきます。

「高い期待」と「惜しみない支援」を組み合わせることにより、学力を伸ばし、子どもの満足度を高めて、将来に大きな希望を抱かせるようになれるのです。

言葉かけのバリエーションをもつ

ここでは、言葉かけのバリエーションについて考えてみましょう。
親は、子どもに対してワンパターンな言い方をしてしまうことがあります。
まずは、やりとりの例を見てみましょう。

BEFORE

……。（食事後に、立ち上がって部屋に戻ろうとする）
ちょっと待ちなさい。「ごちそうさま」を言ってないでしょう。
……言ったよ。
言ってない。ちゃんと言いなさい。
ごちそうさま。
食事後は、そうやってきちんと言うんだよ。
……。（ああ、うざい！）

日常生活の中で、子どもたちをしつけなければならない場面は多々あります。そういうときに、右のケースのように「伝えたいことをそのまま伝える」ことは、よくあるものです。

つまり、「ごちそうさま」を言わないときに、「ごちそうさまと言いなさい」と伝えるやり方です。伝えたいことをそのままの形で言うというのは、手っ取り早いし、分かりやすいし、一言で済んでしまいます。

しかしそれは、極めて安直な言葉ともいえます。伝えたいことをそのまま伝えて、それで子どもが言うことを聞くのであれば、子育てはとても簡単なものになることでしょう。

ただ、現実問題として、そう簡単に子どもは言うことを聞いてはくれません。

子どもに伝わるようにするためには、言葉のかけ方を工夫する必要があります。

どうすればよいかというと、**「伝えたいことを、そのまま伝えない」**ようにします。

つまり、違った角度から声かけしていくようにするのです。

言葉のかけ方には、大きく5種類あります。

それが、本書で展開する**「①ほめる」「②叱る」「③問いかける」「④はげます」「⑤**

挑発する」の5つです。

順番に、具体例を見ていきましょう。

AFTER

①ほめる

……ごちそうさま……。

おっ！　**きちんと、ごちそうさまが言えているね。いいね！**【ほめ言葉】

うん。（ほめてもらえた！　また言うようにしよう）

②叱る

……。（黙って立ち上がる）

ちょっと待ちなさい。もう一度、座りなさい。

ご飯というのは、いろいろな人が準備してできているんだよ。「ごちそうさま」という言葉は、そうやって大変な思いをして食事を準備してくれた人に対して感謝の気持ちを伝える言葉だよ。【叱り言葉】

（……そうだったのか……）

だから、食べ終わった後は、きちんとごちそうさまを言おうね。

……ごちそうさま……。

③問いかける

……。〔黙って立ち上がる〕

ちょっと待った。席に戻って。

何か忘れているように思うんだけど、分かるかな？【問いかけ言葉】

……ごちそうさま？

そう。食べた後は、きちんと言おう。マナーだからね。

ごちそうさま。

④はげます

……。〔黙って立ち上がる〕

ごちそうさまは、きちんと言えたかな？

その気持ちは分かる。わざわざ声に出すのは、ちょっと恥ずかしいもんね。

お母さんも、子どもの頃よく怒られていたものよ。

へえ……。

でもね、おばあちゃんが、とっても厳しい人でね。
いただきますとかごちそうさまを言わないと怒られたんだよ。
それで、言うようにしたら、習慣になった。
ごちそうさまを言うことで、食べ物とか、食べ物を集めるために用意してくれた人に感謝できるようになったんだよ。【はげまし言葉】

ごちそうさまとか、あいさつは、なんだかちょっと気恥ずかしい。
でも、とても大事なことなんだよ。今度からは、きちんと言おうね。

うん。ごちそうさま。

⑤挑発する

……。〔黙って立ち上がる〕

あれ？　よーく考えてね。

何か、忘れているような気がするけどなあ～？【挑発言葉】

えーと……。あっ！　ごちそうさまでした！

おっ！　よく思い出したね。

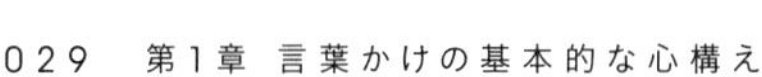

このように、「ごちそうさまを言う」という場面ひとつでも、5種類の角度から言葉をかけることができます。どの言葉が子どもに響くのかは、子どもによって異なるので、見極めが必要となります。

さらに、それぞれの種類の言葉かけには10の技法があります。

本書を読めば、言葉かけには相当に多くのバリエーションがあることに気づくことができるでしょう。**「伝えたいことを、そのままの形で伝えない」**ということを、子どもに言葉かけするときに心がけてみましょう。

きっと、子どもに響く新たな言葉かけが発見できることでしょう。

Column

責めるべき失敗と責めるべきでない失敗のちがい

生活を送る中で、子どもたちは失敗をしてしまいます。
失敗とはいえ、責めるべきことと責めてはならないことがあります。
叱りつけてはならない失敗があるのです。
では、その線引きはどのようにすればよいのでしょうか。
たとえば、「子どもがお皿を割ってしまった」という例で考えてみましょう。

ケース①「走り回っていて、お皿を割ってしまった」
ケース②「お手伝いで皿洗いをしていて、お皿を割ってしまった」

「お皿を割ってしまった」という事実は変わりません。このような状況では、どちらを叱るべきでしょうか。
ここで考えたいのは、**「技術的エラー」**と**「規範的エラー」**という考え方です。

安全文化に関する本や論文を多数書いているシドニー・デッカー博士は、**「技術的エラー」と「規範的エラー」を区別すべきである**と主張しています。

規範的エラーとは、職務として与えられた役割や義務を果たさないものです。簡単にいえば、**「やるべきことをやっていないので失敗した」**ということです。これは何回繰り返しても、よくなることはありませんので、責めるべきとされています。

一方で、技術的エラーとは、「行うべき職務は果たしたものの、その結果が要求される水準より低い場合」を指します。簡単にいうと**「やるべきことをやってみたけど失敗した」**というものです。これについては、経験とともにミスの頻度と重大性が減じていくものなのだから、この種のエラーが起きるのは容認すべきだとされています。

ケース①の「走り回っていて、お皿を割ってしまった」というのは、規範的エラーです。できること（家の中では走り回らないこと）を、やろうとしていなかったので、責めるべきです。

ケース②の「お手伝いで皿洗いをしていて、お皿を割ってしまった」という件については技術的エラーです。本人なりに努力した結果、失敗してしまったのです。皿洗いが上手になれば、割ってしまうことはなくなるでしょうから、責めるべきではありません。「次から気をつけるようにしてね」と、サラリと口頭注意でよいのです。

努力した結果、失敗してしまったものに関しては、容認する。

規範的エラー（叱るべき）	技術的エラー（叱るべきではない）
朝の準備で何もせずに、遅刻する。	朝の準備をやったが、忘れ物を取りに戻って遅刻した。
ご飯を食べずに、こぼして遊んでいる。	ご飯を食べようとしたけど、こぼしてしまった。
一人で起きようとせず、朝寝坊する。	一人で起きようと試みたが、二度寝してしまった。
買った飲み物のビンで遊んで割ってしまった。	一人で起きようと試みたが、二度寝してしまった。
飲み食いした結果、台所が散乱している。	家族に料理を作ったが、台所が散乱している。

努力しておらず失敗したものに関しては、厳しく取り締まるべきである、ということになります。

この考え方で子どものふるまいを見ると、子どもへの声のかけ方が変わります。

たとえば、テストに向けて勉強したけど、悪い点をとってしまった。これは、技術的エラーであり、責めるべきではありません。

毎日遊び惚けていて、テスト対策もせず、悪い点をとってしまった。これは規範的エラーであり、叱る対象といえます。

その他のことについても、表にして見比べてみましょう。

両者は結果が同じなので、ついどちらも叱ってしまいそうになるものですが、その過程に目を向けることが大事なのです。

本人なりに努力しているのであれば、その結果が悪いとしても、叱るべきではありません。

この基準が分かっているだけで、子どもへの指導の仕方がずいぶん変わってくるはずです。

子どもを叱る際の1つの指針にするとよいでしょう。

第2章

ほめ言葉の技法

ほめ言葉とは

BEFORE

なんだ、その靴のぬぎ方は！

え？

きちんと靴を揃(そろ)えなさいって、言っているだろう⁉

うん……。（あーあ、怒られちゃった。イヤな気分だなあ……）


誰かにほめられるというのは、うれしいものです。

ほめ言葉は、他人からの承認であって、子どもの心に希望の光をともします。

ましてや、親からのほめ言葉というのは、ほかの誰からよりも子どもにとってうれしいものです。

子どもにとって、ほめ言葉はストロークそのものなのです。

ほめられることが喜びとなります。

ほめられることによって、きっかけになった行動を繰り返すようになります。

このようにして、報酬などの刺激によって行動が増えることを「強化」と呼びます。


犬をしつけるときに、私たちはごほうびを用います。

たとえば、「おいで」と声をかけたときに犬がやってきたら、優しい声で「よくできたね」となでながらオヤツを与えます。飼い主が望む行動を犬がとったときにごほうびをあげて、その行動を強化しているのです。

罰を与えて行動を規制するようなやり方は、よしとされません。

犬と子どもを同列に扱うことに違和感を覚える人もいるかもしれませんが、人間も動物の一種ですから、学びの仕組みは同じことなのです。

蛇口をひねれば、水が出てくる。それを経験して、水が欲しいときには蛇口をひねるようになります。水という報酬を得たからこそ、蛇口をひねる行動が強化されたということになります。

このように、強化というのは、動物にとっての自然な学習の過程なのです。

ある行動をやってみたら、欲しいものが手に入った。

そうすると人は、望むものを手に入れるために同じ行動をとろうとする。

このやり方で、うまくいく行動や習慣を身につけることができるのです。

子どもは家庭生活の中で「ほめられる」という報酬を通して、強化を繰り返して成長していきます。

罰を与える子育てがダメな理由

しかし、この強化を間違って使ってしまう親が多いのも事実です。

それは、親が望まない行動をしたときに、子どもを叱りつけるようなやり方です。

たとえば、子どもに靴を揃えることを教えたい親は、例のケースのように子どもを叱ってしまいます。

これは、「自分の望まない行動をする相手に罰を与える」というやり方です。

罰によって、子どもの行動を規制しようとするものです。

なぜか、多くの親が、罰を与えることを好んでしまいます。

うまくいっている状態を辛抱して待つよりも、その場で叱ったほうが手間をかけずに済むと考えてしまうからでしょう。

しかし、罰を与える子育てというのは、まったくもって合理的ではありません。

むしろ、叱責(しっせき)されることによって、親子の関係が悪化してしまったり、勉強や習い事などの活動そのものが嫌いになってしまったりするなど、負の効果のほうが大きくなってしまうこともあります。

さらによくないことに、ほめることに比べると、習慣化するまでに多大な時間がかかってしまいます。罰することでしつけようとしても、なかなか子どもの行動として身につかないのです。

子どもができるようになるまで、しっかりと待ちましょう。

できないときにはスルーして、辛抱して待ち続け、できたときにたっぷりほめるようにするのです。

AFTER

〈靴を揃えることができたときに〉

わっ、今日はきちんと靴を揃えることができたね！ **さすが！**【強化】

うん。（ほめられた。うれしいな）

こうしていると、次に履くときにラクだよね。見た目もきれいで気持ちがいいよ。【強化】

うん！（今度からも揃えてみよう！）

このように、ほめ言葉というものは、子どもの成長にとって重要な役割を果たします。

そこで、本書では次のように規定しています。

「すべての言葉かけは、最終的にほめ言葉につながるものである」

叱った後に行動が改善されたら、ほめる。
問いかけて考えさせた後に実行に移せていれば、ほめる。
はげました後に少しでもがんばる姿が見られれば、ほめる。
挑発した後に取り組んでいる姿に対しても、やっぱりほめる。

そのようにして、最終的にはほめ言葉へとつなげていくことで、前向きな心構えを育てていくようにしましょう。

【叱り言葉からのほめ言葉】
「そういうことをしたらダメだよ！」→**「きちんとできたね！」**

【問いかけ言葉からのほめ言葉】
「どうすればいいと思う？」→**「考えた通りにできたね！」**

【はげまし言葉からのほめ言葉】

「一緒にやってみようよ」→「できたね！　さすが！」

【挑発言葉からのほめ言葉】

「まだ、できないと思うけどなあ～」→「ええっ!?　できたの！　すごい！」

ほめ言葉のポイント

ほめ言葉は、伝えるだけでも強いストロークになります。
子どもをほめる際には、その効果を最大限に発揮させたいものです。
では、どのようなほめ方が効果的といえるのでしょうか。
次の例を見てみましょう。

BEFORE

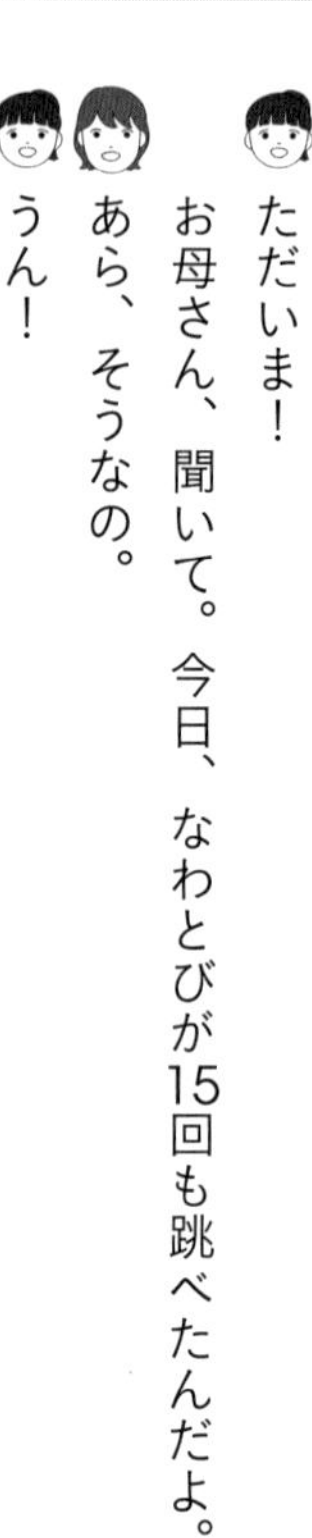

ただいま！
お母さん、聞いて。今日、なわとびが15回も跳べたんだよ。
あら、そうなの。
うん！
……。
……。（それだけ？）

ほめ言葉は、お世辞ではいけません。

子どもは、感性が豊かです。大人よりもずっと機敏なのです。

だから、言葉が本気で伝えられているものなのかどうかを察します。

ほめ言葉を伝えるうえで、大切なことが3つあります。

ほめ言葉のポイント① すぐにほめる

1つ目は、すぐにほめることです。

たとえば、翌日になってから「昨日、自分の部屋を片づけていたみたいだな！」「えらいぞ！」と言われたとしても、子どもにとって思い出すことは難しいものです。

でも、部屋を片づけ終えたときに「おっ！ きちんと片づけたんだな。えらいぞ！」と伝えられれば、理解することができます。

ほめ言葉には「賞味期限」があるのです。

行動心理学では、60秒以内にほめることが効果的とされています。

60秒経つと、ほめるチャンスが腐ってしまうのだと捉えましょう。

子どものよい行動に気づいたら、できる限り早くほめ言葉を伝えるようにします。

ほめ言葉のポイント② たくさんほめる

「ほめるのは、なんだか気まずくて……」などと、ほめることに躊躇（ちゅうちょ）してしまうことがあります。叱ることはできるけど、ほめるのは気まずいというのはよくある話です。

ほめるのが気恥ずかしいのは、ほめ足りていないからなのです。

0を1にするのは難しい。でも、10を20や30にするのは、そう難しいことではありません。

子どもの望ましい行動を見つけたら、できるだけ多くほめましょう。

面と向かって言わなくていいのです。

照れくさければ、独り言のようにして呟（つぶや）いてください。

「おっ。食器を片づけているね。いいねぇ」
「おもちゃを譲ってあげたんだ。優しいなぁ」
「泣かずに立ち上がれた。すごい！」

こんなふうに、口癖のようにして、小さなほめ言葉を生活にちりばめていくようにしてみましょう。次第にほめることに慣れてくるはずです。

親が毎日「やればできる」と繰り返していれば、子どもは被暗示性が強いので、その言葉を信じて、言葉通り「自分はやればできるんだ」と信じて、努力するようになります。

できるだけ多く、ほめ言葉を伝えていきましょう。

ほめ言葉のポイント③ 身体接触とセットにする

ほめ言葉の効果をさらに高めるようにするためには、身体接触とセットにするのが望ましいです。

身体接触というのは、次のようなものです。

◎頭をなでる
◎握手する
◎ハイタッチする
◎肩をポンと叩く

◎抱きしめる

◎だっこやおんぶ、肩車をする

このような身体接触を伴いながらほめるようにすれば、さらにほめ言葉の効果が増します。

身体接触に関しては、他人であればハラスメントに抵触する可能性があります。親以外には、なかなかできないものです。

でも、人と人が触れ合うことは、大きなストロークになるのです。

子どものがんばりに応じて、親がたくさん触れてあげるようにしましょう。

AFTER

ただいま。お母さん、ねえ聞いて。今日、なわとびが15回も跳べたんだよ。

ええっ、すごいねえ。じゃあ、さっそく今から見せてもらおうかな。

うん！　いいよ！

（実際にやっているのを見せてもらう）

本当にできてる！【①すぐにほめる】
よく練習をがんばったね！【②たくさんほめる】
すごいよ。（頭をなでながら）【③身体接触】

うん！（うれしいな！　またがんばろう！）

ほめ言葉のレベルアップ

ほめることで、子どもは育ちます。
ほめる生活は、親のあり方の基本とまでいえるでしょう。
親にほめられることは子どもにとっての栄養のようなものですから、たとえ恥ずかしくても、子どもの前では**「ほめモード全開」**でいるようにすることが望ましいのです。

しかし、いざほめようと思っていても、なかなかほめる機会は訪れない。何をほめればいいのか分からず、結局ダメなことを見つけてしまって叱ってしまう……というのは、よくあることです。

ほめることがなかなかできずに困っているようであれば、「ほめ癖」を身につけてみましょう。

子どもが幼稚園や保育園、学校へ行っている間とか、あるいは自身が出勤している間など、子どもが目の前にいないときに、目の前にあるモノをほめてみるようにします。

どんなモノでもかまいません。

テーブルの模様を眺めてみて、「木目の1本1本が美しいね」とほめる。

冷蔵庫を開いたら、「ちょうどいい温度になってて、よくできているなぁ」とほめる。

電車の吊り広告について、「色彩のバランスがいいな」とほめる。

こうして、子どもがいない間にほめ言葉のウォーミングアップをしておけば、子どもと過ごしている時間にも、次々とほめ言葉が口をついて出てくるようになります。

次のようなほめ言葉のワークをやってみましょう。

【ほめ言葉のトレーニング】

◎食器をほめる
◎近所の人をほめる
◎朝食をほめる
◎同僚をほめる
◎家族をほめる
◎エレベーターをほめる
◎自分の靴をほめる
◎会社の建物をほめる
◎通勤手段をほめる
◎バスで目の前に座っている人を（心の中で）ほめる

CASE

1

なかなかお手伝いができないとき

BEFORE

〇〇ちゃん、お手伝いをやれるなんて、えらいね。

え？

食べた後のお皿まで持っていってくれている。

うん。

〇〇ちゃんは、本当によくできる子だ。

う、うん……。（お手伝いは、妹もやっているし、いつも通りなんだけどな……）

POINT

「あなたは～」を「私は～」に変える

この事例では、親が無理やり子どもをほめようとしています。

でも、うまく伝わっていません。子どもがしらけてしまって、うれしくなさそうです。ほめ言葉を使うときに起こりがちな問題です。

ほめ言葉を受け止めてもらえない原因は、「YOUメッセージ」と「Iメッセージ」にあります。**主語が相手の場合はYOUメッセージで、主語が親の場合はIメッセージということになります。**

今回用いているのは、YOUメッセージです。

「あなたはすごいね」というように、子どもを主語にしてほめているのです。

たとえば、「あなたは歌がうまいね」と言われたとすれば、どうでしょうか。

主語が相手の場合は、それを否定することができてしまいます。

きっと、多少はうれしいことでしょう。

ですが、「うれしいけど、本当にそうかな？　もっと上手な人はたくさんいるし……」というように、否定するような気持ちを持つことができてしまいます。

YOUメッセージでは、このようにして、「そうでもないよ」「そんなことないよ」

などと、心の中で反論させてしまいかねないのです。

一方で、Ｉメッセージではどうでしょうか。

「お父さんは、すごいと思ったよ」という内容が伝えられれば、その内容は相手が考えていることになります。**これに対して、「お父さんがすごいと思うなんておかしい」というように否定することは不自然です。**

つまり、Ｉメッセージは否定や反論がしづらいものなのです。

したがって、ほめ言葉を伝える際には、ＹＯＵメッセージよりもＩメッセージを用いるほうが、反発なく受け入れてもらうことができるといえます。

AFTER

わっ、**テーブルがすごくきれいになってる！**【驚き法】

え？

食べた後のお皿まで持っていってくれているし、お父さんの分まで運んでくれている。おまけにテーブルまで拭（ふ）いてくれて……**成長し過ぎだよ！**【やり過ぎ法】

うん。（自分では気づいてなかったけど、そうかな？）

そうやってたくさんお手伝いしてくれると、お父さんもお母さんも助かるんだ。【意見法】

うん。（えへへ、ほめられちゃった。またがんばろう）

ほめ言葉の技法

驚き法

驚き法　子どもの言動に親が驚いてみせる

Iメッセージで伝えるにあたって簡単な手法は、驚いてみせることです。「私はあなたの行動に驚かされた」ということになるのです。**手軽でありながら、強いメッセージになります。**ポイントは、語尾に小さい「っ」を入れることです。

◎驚き法の仲間

「きれっ！」　「ビックリした！」　「その手があったか！」

「はやっ！」　「よく知ってるね！」　「もしかして、学校で習った？」

「いいね！」　「そんなバカな！」　「どうしてできるの!?」

「ええっ!?」

◎驚き法の事例

キャッチボールをするときは、両手で胸の前でガッシリ受け止めるんだ。
できた！　こう？
うまっ！　すごいね、1回目でできるなんて！

ほめ言葉の技法 02

やり過ぎ法

やり過ぎ法

子どもの言動をおおげさに評価する

子どもは、大げさな言葉を好みます。**ツッコまれるようにほめられると、さらにうれしくなって、やる気のエンジンがかかります。**「〜過ぎ！」とオーバーに伝えたり、やり過ぎている意味を含む言葉を投げかけたりすることで、子どもの意欲をアップさせましょう。

◎やり過ぎ法の仲間

「でき過ぎだよ！」　「すご過ぎる！」　「美し過ぎる！」

「カッコよ過ぎ！」　「ダントツだね！」　「どこまでやっちゃうの？」

「かしこ過ぎ！」　「ズバぬけているね！」　「うま過ぎ！」

◎やり過ぎ法の事例

お風呂掃除、終わったよ。

どれどれ……わあ、ピッカピカ！　**きれい過ぎるよ！**

（お母さんをビックリさせたぞ！）

ほめ言葉の技法 03

意見法

意見法

子どもに親の意見を伝える

「意見法」では、親が自分の意見を率直に伝えます。**指示でも命令でもなく、親の感じた思いを率直に述べるのがポイントです。**「お母さんはね、〜と思うんだ」「お父さんは、〜と感じたよ」というように、主観的に捉えた考えを伝えるようにします。

◎意見法の仲間

「〜と感じているよ」「〜と見ているよ」「〜だと思うな」「ママの思ったことを言うよ」「〜だと考えているよ」「パパはこう考えたんだ」「〜じゃないかな」「○○ちゃんのよさは、こういうところにあると思うな」

◎意見法の事例

買い物袋を、進んで持ってくれたでしょう？　そのおかげで、お母さんは楽に運べたし、**何よりも○○くんの優しい気持ちがとってもうれしかったよ。**

うん。（お母さんに喜んでもらえた！）

CASE

2

テストの結果が悪いとき

BEFORE

（テストの結果が悪いとき）

今日、テストが返ってきているんでしょう。見せなさい。

うん……。

60点……？　一体なんなの、この点数は……。

お兄ちゃんは、また100点をとれているっていうのに。

一体どうして○○くんは、勉強ができないの。

まったく……お兄ちゃんを見習ってほしいわ……。

……。（なんだよ！　どうせ僕は、できない子どもなんだ！）

POINT

「結果」ではなく「成長」をほめる

例のケースのように親が「結果」だけに注目してしまうと、きょうだいの中でもほめられる子どもが偏ってしまいます。**がんばっているのにほめられない子どもは、比較され続ける限り、報われません。**

「私もがんばっているのに……」と落ち込んでしまいます。結果で比べられてしまっていては、「いくらやっても、ほめてもらえない。私はできない人間なんだ」と感じさせてしまいます。

ほめられたとしても、ダメなのです。

誰かと比較してほめるのは、かなりよくないほめ方です。

「○○ちゃんよりも上手だね」「○○くんよりもカッコよかったよ」

このようにほめるようにしていると、子どもは他人と比べることでしか自分を認められなくなってしまいます。そのほめ方を続けていると、いつも他人と比較して自分を肯定するような、生きづらい性格が育てられることになってしまいます。

ただ、親の側としては「何かと比較しなければほめにくい」というのも事実です。

そこで、**子どもの「結果」ではなくて、「成長」に目を向けてみましょう。**

子ども1人ひとりには成長があります。昨日の子どもの様子と今日の様子を比べることで、その成長を見取るようにするのです。成長の度合いをほめるのです。過去の子どもの姿と比べてほめるようにするのです。

「昨日はできなかったけど、今日はできたね」

「この間よりも上手になったよ！」

「1年前よりもカッコよくなったよ！」

このようにして、結果ではなく成長に着目するようにすると、きょうだいで比較することなくほめることができます。

というよりも、「できない子ども」のほうが、圧倒的にほめやすくなります。成長の伸びしろの部分が大きいからです。

子どもの以前の状態を思い返しつつ、今日の様子を見て、成長に気づくようにします。これには、親の目が試されます。

画家・ゴッホの言葉には次のようなものがあります。

「美しい景色を探すのではない。景色の中に、美しいものを探すのだ」

親の立場から見れば、このように言い換えることができるでしょう。

「成長した姿を探すのではない。子どもの中に、成長しているものを探すのだ」

親は、子どもという個人の中から、成長しているところを探し出してやらねばならないのです。子どもの様子を、よく観察しましょう。何ができていて、何ができていないのかを把握して、小さな成長を見逃さないようにして言葉をかけられるようになりましょう。

AFTER

テストが返ってきているでしょう。見せなさい。

うん……。

どれどれ……60点か。**漢字は前よりも、ますますできるようになってきているね。**【ますます法】

うん。

前は漢字が苦手って言っていたけど、きちんと取り組んでいれば、こうして力になってくるんだよ。【価値づけ法】今度は、言葉の使い方の勉強もできるようになるといいね。○○ちゃんならできるよ！

うん！（よし、がんばってみよう！）

ほめ言葉の技法 04

ますます法

ますます法

従来よりもよくなっている状態をほめる

現状の結果だけをほめると、「これまでだって、がんばっていたのに……」とネガティブに受け止めさせてしまうことがあります。**これまでの努力を認めつつ、さらに成長していることを伝えられるようにします。**

◎ますます法の仲間

「さらに腕を上げたね」「グレードアップしてるよ」「成長しているね」
「レベルアップだね」「どんどんよくなってるよ」「グングン伸びてるよ」

◎ますます法の事例

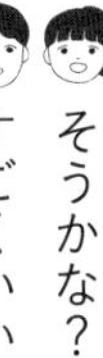

前よりも、**字がますます上手に書けているね。**

そうかな?

すごくいいよ!　その調子でね。

ほめ言葉の技法 05

価値づけ法

洗濯物を表に返してから入れていたね。
そうしてくれていると、洗濯した後、
干すのがすごく楽になるんだ。

なるほど。やってよかった。
これからも続けてみよう！

価値づけ法

なぜ優れているのかを価値づける

具体的な行為と、それが及ぼすよい影響について、具合的・論理的に説明し、行為の価値を理解させます。納得させることにより、さらにその行動を続けていこうとする意欲をもたせます。

◎価値づけ法の仲間

「どうして素晴らしいのかというとね」「たとえば、こんなことにつながるんだ」
「このがんばりが、こう生きてくるんだよ」
「今やっていることが、大人になってからでも役立つんだよ」

◎価値づけ法の事例

さっき、ご飯を食べた後にゴミを捨ててくれていたね。
そういうことをやってくれると、お皿洗いの仕事が楽になるんだよ。

うん。（そうだったんだ。やってよかった！）

CASE

3

柔道の試合で勝った場合

BEFORE

柔道で、また試合に勝ったらしいな。いやあ、強くなったものだな。

まあね。

運動神経がいい。将来は、オリンピック選手だな！

そうかな……。（また運動神経の話か。僕がほめられるときって、いつも同じなんだよなあ……）

POINT

誰も気づいていないようなところをほめる

すでに固定した評判や印象をもたれている子どもは、その評判通りにほめても、好ましく思わないことがあります。

たとえば、サッカーを習っていて、熟練しているような子どもに「サッカーが上手になってきたね」とほめたところで、それほど喜ばないでしょう。

子どもは、自分自身に対して、ある種の思いこみをもっています。

「おしゃべりが上手」「算数が得意」とか、そのような期待です。

だから、自分のもっている自己概念と同じようなことを言われたとしても、それは「当たり前」としか認識されず、あまり印象に残らないのです。

そんなときには、ちょっとちがった角度からほめることができないかを考えてみるようにしましょう。たとえば、サッカーを習っている子どもには、別なところを探して結びつけてほめるようにします。

「読書の量が増えたね。その知識が、作戦を練るのに役立っているんだね」
「計算が早くなっているみたいだね。サッカーで瞬間的に判断することが、勉強にも

活きているんだな」

「よく気がついてお手伝いをしてくれるね。サッカーでコート全体に意識が向くようになると、こういうところでもよく気づくようになるんだ。さすが！」

このように、子どもにとって、子どもと得意なことと関連させながら、ほかのことをほめます。本人が「今までそんなことを言われることがなかったな」という点を探して伝えてみるようにします。

予想外のほめられ方をすると、子どもの心に印象深く残ります。

「そうか、自分には、そんなよい点があるのか」というように、インパクトのあるほめ言葉になります。

次のように自分自身へ問いかけながら、子どもを観察してみましょう。

「ほかの長所はないだろうか？」

「その長所を活かしてがんばっていることはないだろうか？」

子どもの新しい一面を見つけるつもりで、よいところを探しましょう。

そして、子どもにとって新鮮で、一度も聞いたことがないようなほめ言葉を伝えてみましょう。

AFTER

昨日、近所のAさんに、ほめられたんだよ。「○○くんはすごいね」って言っていたよ。【伝聞法】

何がすごいのか、分かる？【お手本法】

柔道の試合で勝ったことかな？

それももちろん、すごいんだけどね。Aさんがほめていたのは、挨拶(あいさつ)だよ。「おはようございます！」「さようなら！」って、挨拶することができて、偉いねって言っていたよ。

柔道で学んでいる礼儀が、ほかにも活きてきているんだな。運動だけじゃなくて、礼儀まできちんとできている。ステキなことだよ。

うん。（そうか、僕には、そんなよいところもあったのか！）

伝聞法

近所の人から、横断歩道で停まってくれた車にお礼を言っていたって聞いたよ。
あー。
私のがんばっていること、認めてくれてるんだな！

伝聞法

人から聞いたほめ言葉を、本人に伝える

人づてに自分がほめられている話を聞くと、ほめられる言葉の効果がさらに増すものです。**ほかの人が言っていたよいことを、子ども本人に伝えます。**少しオーバーにするのもよいでしょう。様々な人から聞いたよい話は、できるだけ本人に伝えていくようにします。

◎伝聞法の仲間

「お隣の人がほめてくれたよ」「みんなほめているよ」「習い事の先生がほめていたよ」

「地域の方が言っていたよ」「最近、〜しているんだって?」「聞いたよ」

◎伝聞法の事例

今日、学校の懇談会で聞いたんだけど、理科の実験で活躍したんだって?

うん。液体を混ぜるのが、上手にできたんだ。

そう。**先生が、「手先が器用で驚きました」**って言っていたよ。やるじゃない。

えへへ。(よし、またがんばるぞ!)

ほめ言葉の技法 07

お手本法

お手本法

お手本になってもらい、優れている点をほかの子どもに気づかせる

よい行動を取り上げてほめることで、子どもがマネできるようにします。よい行動が何なのかが分かるようにします。ヒーローインタビューのようにして、コツを質問して答えさせるのもよいでしょう。

◎お手本法の仲間

「お兄ちゃんが、すてきなことをしてくれたんだよ。分かるかな？」

「それ、うまくやるコツとか、あるの？」「○○ちゃんを見てみよう」

「○○くんを見習いたいね」「○○ちゃん、ポイントを教えて」

◎お手本法の事例

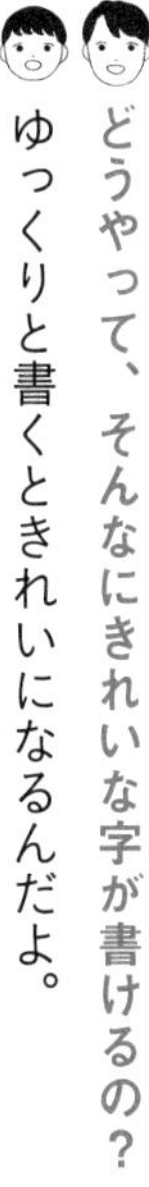

どうやって、そんなにきれいな字が書けるの？

ゆっくりと書くときれいになるんだよ。

(うーん、なるほど)

CASE

4 トイレのスリッパを揃えないとき

BEFORE

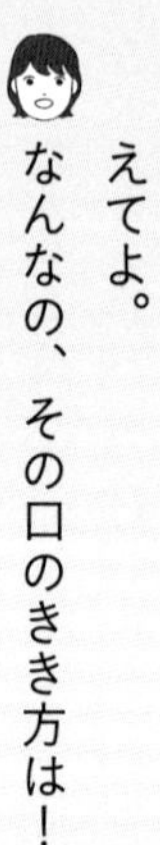

ちょっと、〇〇ちゃん。トイレのスリッパを揃えなさい。

うん。後でやるよ……。

後じゃなくて、今やりなさい！

ああ、もう！ いいじゃん、スリッパくらい！ そんなの、勝手に揃えてよ。

なんなの、その口のきき方は！

POINT

できているときにこそ感謝を伝える

このケースでは、できていない子どもに対して叱ることによって行動を変えようとしています。しかし、これはよい対応とはいえません。

「できていないとき」はスルーしてオッケーです。

そして、できている状態に注目して、よい行動を増やしていくようにします。

感謝の心は「太陽」の働きをする

「北風と太陽」という話があります。

どちらが先に旅人の服を脱がせられるか、北風と太陽が勝負します。

北風がいくら吹いても旅人は服を押さえるばかりですが、太陽がギラギラとあたためると、旅人は服を脱いでしまいます。そのような内容です。

感謝の言葉は、まさにこの「太陽」の働きをします。

人をあたためて、心を動かします。

たとえば、飲食店のトイレで「いつもきれいにご使用いただきまして、ありがとうございます」と書かれている貼り紙を見たことがありませんか。

「絶対に汚さないでください！」などといった警告文を見ることは、あまりないはずです。

また、**感謝されることにより、人はその行動をしてみようという気持ちになるのです。**

感謝するということは、「私はあなたの行動をありがたいと思った」ということであり、これはＩメッセージの１つでもあります。

感謝することは、ほめ言葉の中でも伝えやすく、受け入れやすいものといえます。ほんのささいなことでも、感謝の言葉を伝えて、子どもにやりがいや達成感を感じられるようにしましょう。

AFTER

今日、トイレのスリッパをきちんと揃えていたね。ああやって揃えてくれていると、次の人がトイレを気持ちよく使うことができるんだ。**ありがとうね。**【感謝法】

あ……うん。

○○ちゃんは、気配りの天才だね。【うれしいたとえ法】
お母さんが子どもの頃は、いい加減な子どもだったからね。

そうやって、自分や家族のことまで考えて行動できる○○ちゃんを尊敬するよ。【尊敬法】

うん。（ほめてもらえた！　また今度からもスリッパを揃えるようにしよう）

感謝法

ほめ言葉

感謝法

感謝の気持ちを伝える

子どもの行動に対して、感謝の気持ちを伝えます。様々な機会において、「ありがとう」のメッセージを伝えるようにします。子どもは親から感謝されることで、喜びを感じます。

◎感謝法の仲間

「嬉しいよ」「○○ちゃんのおかげだな」「感謝しているよ」「恩に着るよ」「感謝感激だなあ」「かたじけない」「サンキュー!」「礼を言うよ」

◎感謝法の事例

新聞をとってきれくれて、助かるよ。ありがとうね。

うん。

またお願いするね。

尊敬法

尊敬法　尊敬の念を伝える

親が子どもに対して尊敬の念を抱いていることを伝えます。言葉に憧れの気持ちをこめます。特に、親自身の子どもの頃と比較して、がんばりをほめてあげるようにすると効果的です。

◎尊敬法の仲間

「そんな人、初めて見たよ」「日本一じゃないかな」

「ああ、素晴らしいね（しみじみと）」「ここまでできるなんて……」

「努力の天才じゃないか？」

「こんなことができる○年生は、なかなかいないだろうね」

◎感謝法の事例

今日のテスト、赤い鉛筆できちんとやり直しをしていたね。

お母さんが子どもの頃は、テストなんてやりっぱなしだったから、尊敬するよ。


うん。（やり直しをきちんとやってよかった！）

ほめ言葉の技法 10

うれしいたとえ法

うれしいたとえ法

子どものがんばりを、ほかのものにたとえて表現する

子どもががんばっていることを、ほかのものにたとえてほめます。大げさに、分かりやすくユーモラスに伝えます。子どもならではの長所を見つけて、うれしいものにたとえてみましょう。

◎うれしいたとえ法の仲間

「○○社長！」「○○のプロ！」「○○マスター！」「○○金メダル！」

「○○職人！」「○○の達人！」「○○チャンピオン！」「○○の天才！」

「○○の神！」

◎うれしいたとえ法の事例

9×2は?

18！

はやい！　もう、九九マスターだね。

Column

子ども自身に話をさせる

子どものカウンセリングをしている専門家の話によると、しつけの悩み相談に来る母親には、１つの「共通した傾向」が見られるといいます。

カウンセラーが深層心理をつきとめようとして、子どもに対して質問をします。すると、子どもが答えを探そうと努力しているのにもかかわらず、母親が進んで答えを出してしまうのだそうです。

当の母親にしてみれば、子どもの気持ちは「自分が一番よくわかっているつもり」なのです。**こうした母親の思い上がりこそが、逆に子どもの心をむしばむ原因をつくっているともいえます。**

子どもは、カウンセラーの質問に対して、いちいち母親の顔色をうかがって、母親の答えに一応はうなずきます。

ところが、母親に退室してもらって、子どもとカウンセラーで一対一で話をすると、次第に心を開き、思ったことを言うようになるそうです。

「自称・教育ママ」には想像できないことかもしれません。

子どもの最大の悩みは、自分の意思が尊重されず、常に母親の意に沿わなければならないところにあることがほとんどだといいます。

子どもの言いたいことを先取りして、あたかも子どもの意思を代弁しているかのように見える母親というのは、実は、単に通訳の役割を果たしているに過ぎないのです。

しかし、子どもにとって、通訳は必要ありません。

子どもにとって本当に必要なのは、「自分の意思が相手に伝わるまで、忍耐強く待ってくれる親の姿勢」なのです。

子どもの言いたいことを親が先回りして言ってしまうのは、子どもの自主性を摘み取ってしまう「心ない親心」といえます。

親としては、「子どもはまだ知らないから」「子どもにはうまくできないだろうから」「心配だから」というように考えて、先回りしてやってしまいがちです。

どこへ行くにも送り迎えをしたり、子どもに何かが不足していると思うと、子どもが欲しいという前に揃えてしまったり……。このような行動は、一見優しくて情の深い親のように見えるのですが、だからこそ曲者といえます。

過保護の行動が積み重なってしまうと、子どもは自分の意思を親に任せっぱなしにしてしまいます。長く続けていれば、積極的に取り組もうとしない無気力な人間となってしまうかもしれません。

また、ある日になって突然暴力的な行動に出てしまうこともありえます。

どの親にとっても、教育の目的というのは、子どもたちが彼ら彼女らの人生を幸せに生きていくようにすることではないでしょうか。

そうだとすれば、**子どもの言葉を待ちましょう。**

たとえもどかしく感じていようとも、何を言いたいのかを理解できないことがあろうとも、本当に子どものことを思うのであれば、**「子どもの言葉を待つ姿勢」**を身につけられるようにしましょう。

第3章

叱り言葉の技法

叱り言葉とは

最近では、子どもを叱(しか)れない親が増えていると言われています。
「友達親子」なんて言葉もあるくらいで、まるで友達かのようにふるまう親もいます。

「叱ることができない」
「子どもの叱り方が分からない」

SNSでは、そのような嘆きの声を見かけることが多々あります。
なぜ、叱ることにためらいを感じてしまうのでしょうか。
それは、叱ることには、いくつかのリスクがあるからだと予想されます。

「叱ること」に潜むリスクとは？

まず考えられるのは、子どもが叱られることを受け入れない状況です。

叱ったとしても、「お兄ちゃんもやってるんだもん」とか「ほかの友達もやってるんだ」などというように、反抗してみせる子どもがいます。反抗されれば、それだけでエネルギーを消費してしまいます。

「子どもに嫌われたくない」という場合もあるでしょう。

せっかく築き上げてきた親子の信頼関係にヒビを入れたくないという思いも想定されます。

さらには、叱ることそのものが苦手という場合もあります。

親になるまで大きく叱られることがなかった場合には、「どのように叱ればよいのか分からない」というように、イメージが湧かないこともあるでしょう。

そして、これらのリスク以上に、大きな要因があります。

それは、**「子どもはほめて育てるものだ」という風潮です。**

ほめて育てることばかりが取り上げられて、叱ることはタブーのような雰囲気も感じます。

確かに「ほめて育てる」ことは、とても大切なことです。

本書でも、第2章において、ほめ言葉の重要性について紹介してきました。

これだけを読めば、まるで、ほめることが善で、叱ることが悪かのように捉えてしまっている人がいるかもしれません。

しかし本書では、ほめることと同じくらいに、叱ることも大切だという立場をとります。

アクセルとブレーキをうまく使い分ける

車の運転でたとえるならば、**ほめ言葉はアクセル**です。

「あなたのやっている行動は正しいよ」と、さらに進むように仕掛けているのです。

一方で、**叱り言葉はブレーキ**です。

「あなたのやっていることは不適切だから、進んではいけない」と伝える言葉です。

このように、「ほめる」と「叱る」の両方の働きがあってこそ、子どもを成長へと導いていくことができるのです。

まったく叱ることがないような消極的な子育てをしていると、子どもの共感力が低下してしまいます。

結果的に、**「反社会的行動につながる可能性」**が高くなるとされています。日本の例では、特に父親が消極・受け身タイプの子育てをした場合に、子どもの精神に悪影響を及ぼすことが明らかになっています。

だから、子どもを叱ることがあってよいのです。

ただし、すべての叱り言葉が確かな働きをしているかどうかは別問題です。

叱り言葉はブレーキなのですから、叱りに効果があるかどうかは、「子どもの変容」によって測ることができます。

叱ることによって子どもの望ましくない行動が減少するようであれば、その叱りは有効です。

しかし、叱っているにもかかわらず、子どもの行動に少しの変容も見られないのであれば、それは効果のある叱り方だとはいえません。

「何回言ったら分かるの！」という叱り方は、失敗例の最たる例です。

それは結局、「子どもに伝わらない言い方にひたすらエネルギーを注いだだけ」という結果を意味しています。

教育的効果のない叱りとは、単なる罵声(ばせい)です。最悪の場合、それが心の傷として残ってしまったり、虐待などの道に進んでしまったりすることもありえます。

子どもは大人の姿を見て育ちます。

怒鳴ったり、ひっぱたいたりする親の姿を見て、子どもは「大人というのは環境に対して不適切な行動で反応したり対処している」と学んでしまうかもしれません。

親がモデルとなり、不適切で攻撃的な行動を学習してしまうかもしれないのです。

そうならないようにするためにも、「叱り方」に関する確かな知識を得ましょう。

子どもの行動を変容させられるような、効果的な叱り言葉を本章でお伝えします。

叱り言葉のポイント

叱り言葉は、使い方を誤れば、子どもの心を傷つけてしまうものです。

また、親子の信頼関係に響いてしまうこともあります。

つまり、ほめ言葉と比較した場合、ずっと慎重に扱う必要があるのです。

では、どのようにすれば適切な叱り方になるのか、考えてみましょう。

BEFORE

Aちゃん、部屋の片づけは終わったの？

え、まだだけど……。

どうしてゲームしてるの！　さっき、片づけするって話をしてたじゃない！

だって、面倒くさいもん。別に、汚くないし……それに、Bだって片づけてないじゃん。

何言ってるの！　これだけ部屋にモノを置いてるんだから、片づけしないとダメ！　きちんとしなさい！

ああ、もう……分かったよ……。（あー、もう、うるさい！）

叱り言葉のポイント①「即時」か「待ち」かを見極める

すぐに叱るのか、それとも時間をおくべきかを検討します。

自分や他人の心身を傷つけてしまうような場合には、今すぐにでもやめさせないといけないことなので、即時に叱りつける必要があります。

しかし、それ以外の場合では、必ずしも今すぐに叱る必要はないのです。じっくりと様子を観察して、後から伝えてもよいのです。

叱らねばならない状態を把握したときには、今すぐに叱るのか、少し待ってから叱るのかを見極めます。

叱り言葉のポイント②「個人」か「きょうだいまとめて」かを見極める

個人ばかりを叱っていると、「僕だけじゃないのに」と反抗心を抱かせてしまう場合があります。親の立場からすれば、きょうだいのうちの特によくない状態の子どものほうを注意したくなるものです。

でも、子どもの側からすれば、それが不公平に感じられるものです。

程度に差はあったとしても、きょうだいをまとめて叱るようにする方法も検討しましょう。

叱り言葉のポイント③厳しさの度合いを見極める

自分や友達の心身を傷つけるような場合には、烈火のごとく叱る必要があります。道路に飛び出しそうになったり、友達に意地悪をしたり……という場合には、それらについては一刻も早くやめさせなければなりませんから、感情的になってでも叱る必要があります。子どもを思うがゆえの行動です。それでよいのです。

ただし、それ以外のことに関しては、そう厳しくならなくてもよいものです。

叱りには、厳しさの度合いがあります。子どものやってしまった行為の程度によって、この度合いを調節できるようにしたいところです。

ささいなイタズラには、優しく叱る。

ちょっとした過ちには、やや厳しく叱る。

心ない言葉を発するときには激昂（げっこう）する。

そうやって、厳しさの度合いを変化させていきます。

ことの重大さに合わせて、厳しさの度合いを変えられるようにしましょう。

AFTER

Aちゃんも、Bちゃんも、座って。【①待ちの見極め】【②きょうだいまとめて】
今日は片づけをするって言っていたけど、進み具合はどうかな。
（すっかり忘れてた！）ええっと、まだあんまり進んでないかな……。
2人なら分かると思うんだけど、せっかく決めたことなのに、あまりできていないのは残念だな。

自分たちでは、どう思う？【③厳しさの度合いの見極め】

……ダメだと思う……。

ゲームしたい気持ちは分かる。

でも、せっかくの自分たちの部屋を、汚いままにしておくのはよくないね。

勉強するにしても、本を読むにしても、汚い部屋では集中できないものなんだよ。

片づけ、どうする？

今からやる。

そうか。よし、じゃあ、がんばってみようか。

叱り言葉のレベルアップ

叱ることを苦手に感じている親が、多く見られるようになってきました。

そもそも叱るというのは少し特殊なものです。

上司と部下、先輩と後輩などという関係を多くもっていれば、叱らねばならない状況をたくさん経験しているのかもしれません。

でも、「叱ったことがない」「叱られたこともない」という親であれば、目の前の子どもに対して厳しく言うことに躊躇(ちゅうちょ)してしまうものです。

ここでは、「自分が叱りに適しているかどうか」を考えてみましょう。


交流分析では、人の性格を次の5つに分けています。

①批判的な親（厳しさ）
②養育的な親（優しさ）

③**大人性（賢さ）**
④**順応な子ども性（イイ子）**
⑤**自由な子ども性（楽しさ）**

たとえば、「子どもが大人の手帳に落書きをしている」という場面を見たとします。
そういうときに、性格の強い部分が表れます。
次のうち、あなたならどのような反応をするでしょうか。

「まったく、大事な手帳に落書きをするなんて、ダメじゃないの！」
↓①**批判的な親**（厳しさ）

「落書きができるくらいに、大きくなったんだね、成長したね……」
↓②**養育的な親**（優しさ）

「なんの落書きを書いているんだろう。動物かな……？」
↓③**大人性**（賢さ）

「手帳に落書きはダメなんだけど、注意して怒らせるのもイヤだからなあ、そっとしておくか……」

→④順応な子ども性（イイ子）

「わあ、落書きをしてるんだな。私も子どもの頃、しょっちゅうしていたもんだな。私も久しぶりに、落書きしてみようかなあ」

→⑤自由な子ども性（楽しさ）

どうでしょうか。

パッと出てきた部分が、あなたの中で大きな部分を占める性格だといえます。

それぞれの性格のイメージが湧いてきたでしょうか。

これら5つの性格バランスが合わさって、人の性格が成り立っているとされていま す。**中でも、「①批判的な親（厳しさ）」の部分が著しく弱い人は、叱ることが難しいとされています。**

他人に求めたり、自分自身に求めたりすることがないがために、自分の子どもに対しても厳しく言うことが難しくなるのです。

そういう場合には、意図的に「批判的な親」の性格部分を高められるようにしていく必要があります。

厳しさを高めるためには、まずは見た目から。

叱るときには腰に手を当て、胸を張ります。声は低くします。

そうして、見た目から批判的な親の性格部分を高められるようにしてみましょう。

さらに、次のようなワークをやってみましょう。

【叱り言葉のトレーニング】

◎ニュースの事件について批判する

◎現状に満足していいのか、自分自身を批判する

◎自分の尊敬する人物なら、どのように批判するのかを考える

◎時間や金銭に厳しくなる

◎「最後まで譲らない」というものを1つでももつ

また、言葉づかいについても、次のような言葉を用いるようにしてみましょう。

「○○すべきです」

「○○しなければならない」

「私の意見は〜です」
「決めたことは、最後までやろう」
「本当にこれで満足していいのかな？」

ただし、もともと「批判的な親」の部分が高いと感じている人は、これらのワークをする必要はありません。親が厳しすぎると、子どもは萎縮（いしゅく）してしまい、のびのびと育てることが難しくなってしまいます。

子どもを健やかに育てるために、「批判的な親」の性格部分は適度にあればそれでよいのです。

なお、性格バランスについて詳しく知りたい人は、ネット上で診断できるサイトがあるので、「エゴグラム診断」で検索して、調べてみることをおすすめします。

CASE

5 泣いてダダをこねるとき

BEFORE

（ショッピングモールにて）

じゃあ、帰ろうか。

あのオモチャ、欲しいな。

帰るよ。

オモチャ、欲しい……欲しいよー！　あーん！

もう、ちょっと。泣かないで。

（さらに激しく泣く）あーん！　あーん！

（困ったなあ……周りの目もあるし……）

○○ちゃん、分かった。分かったよ。

買ってあげるから、もう泣きやんで。

うん……。（やった！　思い通りにならないときは、泣きわめくようにすれば、言うことを聞いてもらえるんだな。これからも、言うことを聞いてもらえないときは泣くようにしよう）

POINT
望ましくない行動を相手にしない

子どもは、望ましくない行動を起こすことによって、報酬を得ようとする場合があります。たとえば今回のケースで言うと、ダダをこねて泣きわめくことによって、オモチャという報酬を得ています。

ここで子どもが望む報酬を与えてしまうと、「ダダをこねれば欲しいものが手に入る」と学ばせてしまうことになります。 誤った「強化」が起こっているのです。

このような教育を続けていると、親子の関係性において、子どもが主導権を握るようになります。

子どものワガママに、親が振り回されるという関係が続くようになるのです。

では、どうすればよいのでしょうか？

子どもの望ましくない行動には「教育的無視」

このような泣きわめきに対しては、**「無視する」**のが正解です。

人目につかない所へ連れていき、**「見ない」「聞かない」「相手にしない」**を心がけます。無視を続けていると、子どもの望ましくない行動は一時的にヒートアップします。

子どもとしては、「おかしいな、泣き方が足りないのかな？」と思っているのです。大きな声で叫び出すこともあります。

でも、**そこで根負けしてはいけません。ヒートアップしたところで折れてしまえば、「そうか、ここまで激しくやれば、応じてもらえるのだ」と学ばせてしまうことになります。**

時間はかかるかもしれません。収まるまで1時間以上泣く子どももいます。

でも、知らん顔を続けると、望ましくない行動は、いずれ消滅します。

収まったら、「また誕生日のときに買おうね」というようになだめ、何事もなかったかのように買い物を続けます。

泣きわめきが収まったときも、「よくガマンしたね」などとほめてはいけません。

「望ましくない行動をする」→「やめる」という過程でほめてもらえると分かれば、その流れを繰り返すようになる可能性があります。声をかけるとしても、「泣きやんだね」というように、子どもの状態をフィードバックする程度にとどめておきます。

このようにして、「泣きわめき」という不適切な行動では報酬が得られないことを学習させるのです。

不適切な行動には、このような一貫した**「教育的無視」**が有効なのです。

無視を貫くには、親の演技力が必要です。

時間はかかりますが、徹底してやり抜きましょう。

AFTER

〔ショッピングモールにて〕

じゃあ、帰ろうか。

あのオモチャ、欲しいな。

帰るよ。

オモチャ、欲しい。欲しいよー！　あーん！

泣いても買いませんよ。【さっぱり否定法】

あーん！　あーん！

……………。【無視法】

あーん！　あーん！　あーん！

……。（子どもの手を引いて、じゃまにならない隅のほうに移動する）

（5分後）

……。

落ち着いたね。オモチャが欲しいのは分かったよ。
また、誕生日のときにでも買おうね。じゃあ、お買い物へ行きましょう。

うん……。（泣きわめいても、何もいいことがないんだな……もう、この方法はやめよう……）

CASE

6 銭湯で遊んでしまうとき

BEFORE

〔銭湯にて〕

わーい！（バシャバシャ）銭湯って、楽しい。泳げる！

やめなさい。もう、こら……！

今度は洗面器を積み重ねて遊ぼう！

ちょっと、もう。ダメだよ。ほかのお客さんもいるんだから……。

わーい！

……。（全然言うことを聞かない……そのままにしておくか……）

POINT

子どものごほうびを取り去る

この例のように、「やめなさい」と言いながらも、子どもに続けさせてしまうのは、子育てするうえでよくない方法です。

それは、「親の言うことに従わなくてもよい」ということを教えていることにもなるからです。

何らかの対処が必要です。

子どもから「ごほうび」を取り去ることの意味

子どもが悪いことをしたときには、怒鳴りつけるなどの「罰」を与えることを思い浮かべがちなものです。

でも、罰することには様々なデメリットがあります。

子どもからの反発を招くかもしれません。親子の関係にひびが入ってしまうかもしれません。活動そのもの（今回のケースでは銭湯に行くこと）を嫌いにしてしまう可能性だってあります。

罰には即効性がありますが、一時的であるため、時間が経てばまた繰り返す可能性もあります。

そこで取るべき方法が、**「ごほうびを取り去る」**というやり方です。

ごほうびを取り去ることは、罰することに比べて、大きな痛みや不快感を伴いません。罰することが不快を与えるのに対して、ごほうびを取り去るというのは子どもにとっての「快」を取り除くようなイメージです。

私たち大人も、交通違反などの悪いことをすると、罰金を支払わされます。鞭打ちされるようなことは決してありませんよね。

罰金として、お金という「快」の部分を取り上げられているのです。

もっと悪事を働けば刑務所に入れられるのですが、これだって「自由」という快の部分を取り去られているということになります。

さて、子どもにとって、家庭生活におけるごほうびとは何でしょうか。

たとえば、「きちんとできていたらシールを貼る」という取り組みをしているのであれば、シールがごほうびになります。

「そんな態度なら、シールはなしね」というように、取り上げてしまうようにします。

「活動」だって、ごほうびの1つです。

たとえば今回の例でいうと、銭湯に入ることそのものが、ごほうびのような快の部分になるわけです。

銭湯から出るということにすれば、ごほうびを取り上げるということに相当します。活動を取り上げるために、銭湯から離れて、別の場所に連れていくようにします。

一定の決められた時間、強化を受ける機会を子どもに与えないようにすることで不適切な行動を減少させる手続きを「タイムアウト」と呼びます。

取り上げられた子どもは、行動を反省します。

きちんと反省したところで、元に戻してあげるようにすればよいのです。

もしも遊び場で子どもが悪いことをした場合には、罰として子どもを下手の隅に連れていき、そこで3分間ほど座らせるようにします。

あくまでも「楽しい時間を一時的に奪う」ということが目的です。

それ以上に不必要な苦痛を与えないように注意しましょう。

取り上げる活動そのものが子どもにとって不快な場合

ただし、そもそも活動自体が子どもにとって不快なものであれば、取り上げること

自体が報酬になってしまうので、これには注意が必要です。

たとえば、片づけが嫌いな子どもに対して「片づけしなくてよろしい」として離れさせたなら、「よくない行動をしていれば、片づけをやらなくて済む」と学習させてしまいかねません。

そういう場合には、取り上げるのではなくて、「ごみを1つでも拾いなさい」というように、子どもの手を取って1つでも片づけさせるようにします。そうして、あとは大人がさっさと片づけるようにします。

AFTER

わーい！（バシャバシャ）銭湯って、楽しい。泳げる！

…………。【無視法】

今度は洗面器を積み重ねて遊ぼうよ！

帰るよ。体を拭きなさい。【取り上げ法】

えっ……？

〈更衣室に移動したところで〉

お風呂には、いろんな人がいるだろう？

お風呂で遊ぶと、ほかの人にとって、迷惑なんだよ。
楽しくなる気持ちは分かるけど、遊びたいなら、お風呂から上がって、
外で遊ぼう。どうする？
お風呂、入りたい……。
やめておいたほうがいいよ。【さっぱり否定法】
外で遊ぶのでも、いいんだよ？
もう、遊ばない。お風呂に入りたい。
きちんとできる？
うん。
じゃあ、もう1回入ろうか。

無視法

無視法

子どもの望ましくない行動に一切注目しない

子どもは、不適切な行動をとって、そこからストロークや報酬を得ようとすることがあります。それを断つために、親子の関わりをつくらないようにするのです。

子どもの行為に対して、徹底した無視を貫きます。

◎無視法の仲間

「そう」　「見たくないな」　「知らないからね」

「何、それ」　「聞きたくない」　「ふうん。(一瞥(いちべつ))」

◎無視法の事例

(落書きに、お母さんブタと書いてある)

ねえ、ママ、見て見て。

…………。

(あっ、これは言ってはいけないことなんだな……)

取り上げ法

取り上げ法　子どもにとって快となるモノや活動を取り上げる

子どもにとって快となるモノや活動を取り上げます。場所を移動させることも方法のひとつです。取り上げること自体が子どもにとってうれしくない出来事なので、厳しい叱責（しっせき）は必要ありません。子どもが十分に反省できたら、もとの活動に戻すようにします。

◎取り上げ法の仲間

「終わりの時間だよ〈ゲームを強制的に消す〉」

「片づけるよ〈マンガを強制的に取り上げる〉」

「もう、おしまい。〈オヤツをしまう〉」

「やらなくていいよ」「終了だね」「中止にするよ」

◎取り上げ法の事例

寝る時間を過ぎてるよ。終わりなさい。〈テレビを強制的に切る〉
えっ!?　ああ……。

さっぱり否定法

さっぱり否定法

言動を無表情で否定する

子どもの言動に対して、素早く無表情で否定します。理由も述べずに、否定のみで終えてしまいます。**できるだけ短い時間で伝え終えるようにするのがポイントです。**軽い否定を伝えることにより、「なぜそれがいけないのか」を考えさせることにつなげます。

◎さっぱり否定法の仲間

「やり直し」「それでいいの？」「できてないよ」「ダメだよ」

「あと少し」「まだまだ」「よくないよ」「甘い」

◎さっぱり否定法の事例

時間だよ。終わりなさい。
もうちょっとでセーブできるんだ。
約束の時間。もうおしまい。
は、はーい……。（まずい……）

CASE

7 よくない言葉を使うとき

BEFORE

アハハ。バカみたい。死ねばいいのに。

……ねえ。そういう言葉を使うのは、よくないんだよ？

いいじゃん、別に、マジで言っているわけじゃないんだからさ。

またそんなこと言って！　相手が気にしちゃったら、どうするの？

うるさいなあ、細かいこと言わないでよ。テンション下がるわあー。

もう、なんなの、その言い方は！　いい加減にしなさいよ！

だいたい、あなたはねえ……。

（あー、面倒くさい。動画でも見るか……）

POINT

毅然として叱る

少しずつボルテージを高める叱り方はＮＧ

他人を傷つけるときや、自分自身を痛めてしまいかねないようなときには、親は毅然とした態度で叱らねばなりません。

言葉とともに、表情や態度、目に見えるものすべてで表現しましょう。

このとき、「厳しさの度合い」をどのように調整するのかに気をつけたいところです。例のケースでは、「初めは静かに怒って、だんだんボルテージを高めていく」というようにしています。

これは、よくないやり方です。

徐々に怒りの度合いを高めるようにしていくと、子どもに「耐性」ができてしまいます。要するに、親の怒り口調に対して、子どもが慣れてしまうのです。

そうすると、最終的には、必要とする程度よりもずっと厳しく叱らなければならなくなってしまいます。

子どもにとっても、親にとっても負担が大きくなってしまうのです。

したがって、「厳しく叱責する」と決めた場合には、初めからボルテージをできる限り高めておくようにするのが望ましいのです。

高いところから、徐々にボルテージを下げていくのは効果があるとされています。

「厳しい叱責が必要だ」と感じたときには、厳しさの度合いを一気に高めます。

高いレベルから、だんだん下げていくように心がけます。

叱る理由と叱ったあとのフォローが大切

ただ、厳しい叱責というのは、子どもに不満を抱かせてしまうこともあります。

「もしかして、お母さんは僕のことが嫌いなのかな？」などと勘違いさせてしまうことも考えられます。厳しく叱りつつも、**「なぜ叱っているのか」の理由**も伝えられるようにしましょう。

また、**叱ったあとのフォロー**も忘れないようにしたいところです。

叱られたことに対して、子どもがスネてしまうようであれば、「さっきお母さんが言ったことの意味が分かる？　あなたが大事だから伝えているんだよ」というように声かけしましょう。

AFTER

バカみたい。死ねばいいのに。

今、なんて言ったの！　その言葉、もう一度言ってみなさい！【怒責法】

えっ？（ビックリした！）

いい？　人が死ぬっていうのは、もう二度と帰ってこないってことだよ。
そこまで分かって、その言葉を使っているの？【理詰め法】

いや、そんなつもりじゃないんだけど……。

その言葉は、遊びだとしても、二度と使わないでね。
……Bちゃんに、何か言うことがあるんじゃない？

死ねって言っちゃって、ごめんなさい……。
（そうか、いけないことを言っちゃったんだな……これからは気をつけよう）

叱り言葉の技法 04

怒責法

怒責法

怒りを込めて厳しく叱る

心身を傷つけてしまうような行為に対して、親の気迫をもって対峙（たいじ）する方法です。怒りを込めて厳しく叱ります。子どもの発した言動についてふれて、それがいけないことであると気づかせます。

長々とやらず、端的に伝えられるようにしましょう。

◎怒責法の仲間

「ダメ！」「何をしているの！」「どういう意味？」「詳しく教えてくれるかな」「聞き間違いかな？」「それでいいと思っているの？」「何を考えているんだ！」・「やめなさい！」

◎怒責法の事例

○○くん、こんなこともできないの。変なの。

今の言葉、自分が言われたとすれば、どう思うんだ！

えっ……。

叱り言葉の技法 05

理詰め法

いじめをすることで、友達は一生治らない傷を
負っているかもしれない。大人になってさえも、
子どもの頃にいじめられた経験で苦しむ人がいるんだよ。
いじめは、子どもだからといって、決して許されることじゃないんだよ。

理詰め法

叱っている理由を説明する

叱っていることの理由を、理論立てて説明します。子どもは、意味の分からない叱責に対して反感を覚えるものです。叱る言葉に加えて、「なぜ叱っているのか」「どうしていけないのか」を論理的に伝えましょう。

◎理詰め法の仲間

「怒っている理由を話すよ」「〜のためにやってるんだよ」
「なぜいけないのかというと、理由があるんだよ」
「それをしなければ〜になるよ」「なぜここまで叱られているのか、考えて」

◎理詰め法の事例

こんな水辺で遊んでいると、池に落ちてしまうかもしれない。おぼれて、あなたや友達が、大事な命を失ってしまうかもしれない。そうなると、みんなも悲しむんだよ。もう、そんな所で遊んではいけません。

ごめんなさい……。

CASE

8

宿題をごまかすとき

BEFORE

○○ちゃん、宿題やったかい？

今日は、学校に置いてきちゃったんだよ。

昨日もそう言ってたよね。

うん……明日は気をつけるよ……。

もう、しっかりするんだよ。

うん……。（よーし、今日もうまくいった。明日も適当にやり過ごそう）

POINT

「損する経験」をさせる

このケースの子どもが「宿題を学校に置いてきた」と言い続けるのは、子どもにとってそれが「得」に感じられるからです。

そもそも、宿題に興味をもたせられるようにできればそれが一番よいのですが、宿題の是非に関して、ここではいったん省略します。

子どもの行動に着目し、行動分析を行うことで問題の解決や改善に活用していく心理技法である応用行動分析には、「**過剰行動修正**」という手法があります。

自分が乱した状況を元通りにするだけではなくて、それ以上に環境を修復・修正することを要求します。

たとえば、子どもが紙屑(かみくず)を投げているところを見つけたとします。

単純な指導をするときには、「それを拾ってゴミ箱に捨てなさい」と伝えます。

一方で、過剰行動修正を行う場合には、このように言います。

「それを拾ってゴミ箱に捨てなさい。
それが終わったら、床に落ちている他の紙屑も全部拾って捨てなさい」

このように、プラスアルファして修正させることで、子どもに反省を促すように働きかけるのです。

過剰行動修正の手続きには、次のような特徴があります。

①子どもに要求する行動は、問題行動に直接的に関係していなければならない。単なるいやがらせとして用いないよう、また不適切な行動が生じないように配慮が必要である。

②間違った行動の結果で生じたことを元通りにするために、通常必要な努力を直接経験させる。

③過剰修正は、問題が生じた直後に実施する。

④修正行動を迅速に行わせることで、不適切な行動が抑制される。

⑤指示やガイドによって子どもは必要な行為をさせられるが、親の誘導の程度は、子どもの自発性に応じて調整される。

今回のケースについても、意図して「損する体験」になるようにしてしまいます。すると、行動の改善が図れることでしょう。

AFTER

〇〇ちゃん、宿題はやったかい？

今日は、学校に置いてきちゃったんだよ。

昨日もそう言っていたよね。

うん……明日は気をつけるよ……。

いつまでも置き忘れているわけにはいかないね。

今から学校へ一緒に取りに行こう。【過剰修正法】

えっ？

せっかくだから、担任の先生にも、忘れないようにするにはどうすればいいか相談してみよう。【忠言法】

う、うん……。（しまった、面倒なことになった……やっぱり、ウソはいけないな……）

過剰修正法

遊んでいて、お味噌汁をこぼしちゃったのね。
テーブルの上を拭きなさい。
ついでに、床の汚れも拭き取りなさい。
はーい……
やっぱり、食事中に
遊んじゃダメだな……

過剰修正法

やった行動より大きく修正させる

望ましくない行動をとった前の状態よりも、よい状態になるように修正させます。

やってしまったことについて、「プラスワン」してやり直させるのです。指示した後は、きちんとやり遂げるまで見届けるようにします。

◎過剰修正法の仲間

「食器は流しの中に入れておく約束だったよね。すぐにやりなさい。ついでに、ほかの食器も水につけておいてね」

「（落書きで壁を汚した）落書きを消しなさい。その周りの壁も、きれいにしなさい」

「（いたずらで泣かせてしまった）今から1人でその子の家に行って、謝ってきなさい」

◎過剰修正法の事例

字が汚いよ。この1行、全部やり直し。

ええっ、そこまで？（今度からきれいに書こう……）

忠言法

忠言法

ほかの人に伝えることを促す

子どもが手を抜いているところを、ほかの人にも知ってもらうように伝えます。本当に電話をかけたり、習い事の先生に話をしに行ったりすることもやってみせると、「親は、言ったことを本当にやるんだ」と感じます。その際、事前に連絡することを伝えておくとスムーズです。

◎忠言法の仲間

「おばあちゃんにも言っておくからね」「家族みんなにも言っておくよ」

「校長先生にも言っておくよ」「習い事のコーチにも言っておくからね」

◎忠言法の事例

塾に行きたくない。もっとゲームがしたいんだ。

そっか。**塾の先生の意見も、聞いてみようか。**

CASE

9

朝寝坊が続くとき

BEFORE

〇〇くん、早く起きなさい！

うん……。

もう、学校に遅刻しちゃうでしょ？　しっかりしなさい！

まだ眠いよ……。

夜遅くまで動画ばっかり見ているからでしょう！

だらしない子なんだから、あなたは……。

………。（何も、そこまで言わなくていいのに。そうだよ、どうせ僕はダメな人間なんだ……）

POINT

子どもの存在を認め、行動を叱る

このケースでは、子どもの心情に思いを寄せずに、一方的に子どもを叱りつけています。子どもを「だらしのない子」とまで罵(ののし)っています。

不必要な叱責は、心的外傷を招きかねません。

心の傷は、一生にわたって続くこともありますので、注意を払わねばなりません。

叱る対象には、**「結果」「行動」「存在」の3つ**があります。

たとえば、テストで30点をとってしまったときに叱る対象で考えてみましょう。

①結果「30点という結果はダメだね」
②行動「勉強をしなかったという行動がダメだね」
③存在「30点しかとれない君の存在がダメだね」

この中で、もっとも傷つくのはどれでしょうか。

言うまでもなく、③ですね。

30点しかとれないからといって、人間性までダメなわけではないので、明らかに言い過ぎです。

子どもを叱るときには、存在を否定してはなりません。

子どもの人格は認めつつも、①や②のようにして、結果や行動のみを叱るようにします。

「あなたの存在は素晴らしい。でも、この結果や行動はよくない」

このような言い回しになるように、あくまでも、子どもの存在を尊重するように言葉をかけていきましょう。

AFTER

〇〇くん、朝寝坊が続いているね。どうしたの？

うん……別に……。

前は、きちんと起きていたよね。なんだか、〇〇くんらしくないよ。【落胆法】

すごく心配なんだけど、学校で何かあるの？【大事法】

学校では、特にないよ。塾の宿題が終わらなくて……。

そっか。昨日も遅くまでがんばっていたんだね。
でも、そのせいで学校に遅れるっていうのは、よくないよね。

うん……。

お母さんも仕事に行かないといけないし、もう少し早く起きてくれないと困る。
家族のためにも、きちんと時間通り起きてくれないかな？【依願法】

そうだね……。

明日は、どうする？

がんばって起きてみる。（お母さんは、僕のことを心配してくれているんだな。
明日はきちんと起きよう）

落胆法

○○ちゃん、ウソをついていたのか。いつも優しい○○ちゃんが、そんなことをするなんて思わなかったな……
ごめんなさい……
しまった、お父さんを悲しませてしまった！

落胆法

子どもに失望している気持ちを伝える

親が子どもに対して失望している気持ちを伝えます。「これだけ信じていたのに、裏切られてしまった」という文脈にします。**そうすると、叱りつつも、日頃から子どものことを十分に信頼しているのだという気持ちが伝わります。**

◎落胆法の仲間

「あなたは思いやりのある人だと思っていたけど、勘違いかな」「あなたのよさが、伝わらないね」「そんな子だったの？」「○○ちゃんの能力を正しく見てもらうためにも、気をつけようよ」「頭のよい○○ちゃんが、こんなことをしちゃうなんて」「○○くんのよさが活かされてないことが悔しいよ」

◎落胆法の事例

友達のゲームを借りたままにしていたんだって？
きっちり者の、あなたらしくないね。

うん……。（お母さんの期待を裏切っちゃったな……）

大事法

大事法

大切に思う気持ちを全面に押し出す

親が子どもに対して大切に思っている気持ちを全面に強く押し出します。叱る言葉とともに、子どもへの期待感を感じさせるようにします。そうすることで、子どもの成長を願っている気持ちを伝えるようにするのです。

◎大事法の仲間

「できない人に、お父さんは言わない」「○○ちゃんのことが大切だから言うんだよ」「大人になったときに困らないために言ってるんだ」「○○くんだけに話しておきたいことがあるんだ」「○○ちゃんの人生にプラスになるようにしたいんだ」

◎大事法の事例

サッカー教室で、ケンカしたんだって？
俺だけが悪いんじゃないよ。あいつが先に叩いてきたんだ。
相手の子も叩いてきたのは、監督から聞いたから知ってる。
○○くんのために言ってるんだ。

叱り言葉

叱り言葉の技法 10

依頼法

依頼法

子どもを立てつつ、お願いする

子どもを立てながら、お願いするようにして、望ましい行動へ変化するように伝えます。子どもにも、考えや思いがあります。自尊心を大切にしながら、態度を改めるようにお願いをします。

◎依頼法の仲間

「できる○○ちゃんだから、あえて言うよ」「○○くんしかできないことがあるんだ」
「お願いがあるんだけど、聞いてくれる？」「○○くんを信じているからこそ言うよ」
「あなただからこそ、お願いしたい」「お父さんの頼みを、聞いてくれるかな」

◎依頼法の事例

相談があるんだけど、ちょっといい？

うん。何？

最近、2人とも学校に行く時間が遅くなっているでしょう？　お兄ちゃんの○○くんが、○○ちゃんを引っ張っていってほしいんだけど、できるかな？

Column

親への反抗にどう対応するか

「はあ？　何言ってんの？」

「なんなんだよ。ありえねぇ」

「ほんと意味分かんないんだけど！」


子どもが、反抗的な態度をとる。

小学校高学年〜中学生あたりの、思春期まっただ中の子どもと向き合っていれば、ほとんどの親が経験することです。

むしろ、10歳あたりになっても反抗期が来ないようであれば、それはそれで心配なところです。

しかし、いくら健全なこととはいえ、親だって人間ですから、子どもにイヤな言い方をされたら腹が立つものです。

ここでは、子どもの反抗に対してどう対応すればよいのかを考えてみましょう。

子どもの反抗に対して厳しく怒鳴りつけてしまうと、かなりのリスクを背負うことになります。

たとえば、「なんだ、その言い方は！」というように、厳しく叱責（しっせき）したとします。

この言葉を意訳するならば、「親である私に対して、そんな言葉づかいをするなんて、失礼じゃないか！」ということになります。

その後、子どもがきょうだいゲンカをして、叩いているのを見かけたとします。

今度は諭すようにして静かに叱ります。

そうすると、子どもは次のように解釈する可能性があります。

「親は、自分がバカにされたときは激しく怒るけど、子どもが叩かれたときには、あまり怒らない。つまり親は、自分のことが一番大切なんだ」

親に対する反抗に激しく怒るのであれば、ほかに叱るような場面では、さらに厳しく激昂（げっこう）しなくてはならないことになります。

もしそうしないのであれば、子どもはいぶかしく思ってしまうことになるのですから、そのような状況にならないようにするためにも、親に対する反抗に関しては、極めて冷静にふるまいましょう。

感情をコントロールできる大人として子どもと向き合うのです。


「もう1回言ってみなさい」

「あなたのその態度が気になるんだけど」

「さっきの言い方が引っかかっているんだけど」


あるいは、質問を返してみるのもよいでしょう。


「今、なんて言ったの？」

「どうしてそういうことを言うの？」

「あなたの中で、何が引っかかっているの？」


このような言葉をかけながら、落ち着いた態度で接するようにしましょう。

子どもの主張に耳を傾けて、意図するところを理解します。

子どもは子どもで、自分の心身の成長と周りの環境にズレを感じて、苛立ち(いらだ)を感じているのです。その気持ちを理解しつつ、「どのように主張すればよいのか？」を繰り返し伝えるようにしましょう。

第 4 章

問いかけ言葉の技法

問いかけ言葉とは

これから先は、未知の時代がやってくると言われています。

ＡＩ（人工知能）が発展して、人間の知識をＡＩが超えるシンギュラリティ（技術的特異点）も近いのではないかといわれています。

ＡＩがＡＩを作り出すような世界が、これからやってくるかもしれないのです。

そうなれば、どんな問題が起こるか分かりません。

未知の問題に対応できる力を身につけておかなくてはいけません。

「言われたことを言われた通りにだけできればよい」のではなくて、自分の頭で考える力が必要となるのです。

では、どうすれば「考える力」を育てることができるのでしょうか。


そのカギは、「問いかけ言葉」にあります。

問いかけ言葉とは、親から子どもに投げかける質問の言葉です。

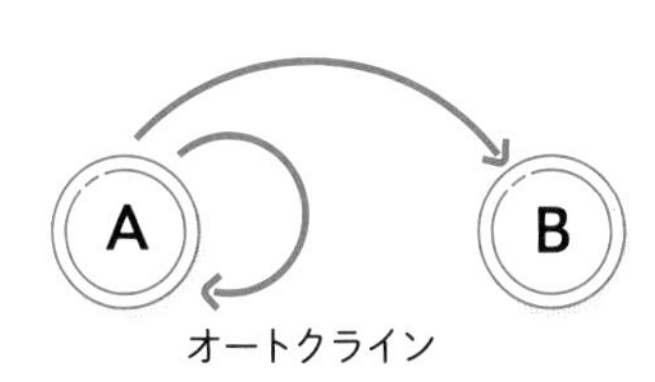

問いかけ言葉は、生活面のあらゆる場面に活用することができます。

問いかけにより出される答えは、親からの押しつけではありません。

子どもが自ら考えて出した答えです。

親は、子どもが考えた意見を達成できるようにサポートします。

ここで、その「気づき」が起こる仕組みをミクロレベルから考察します。

上の図は、A細胞が情報を発信して、B細胞の受容器がそれをキャッチする様子を表しています。

このように、近隣の細胞へ作用することを「パラクライン」と言います。

ところが、A細胞から発信された情報は、自分自身にも作用していることがあります。

これを**「オートクライン」**と言います。
人でいうならば、Aさんは Bさんに応(こた)えながら、自分自身にも話をしているという
ことになります。

ちょっと難しいでしょうか。
では、実際にやってみましょう。

「あなたの身の回りに、赤いものはありますか?」
「丸いものはありますか?」
「布でできたものはありますか?」

……さて、探すことができたでしょうか。
今、あなたはこれらの質問に答えようと、部屋の中をグルグルと見渡したはずです。
そして、答えを見つけ出しました。
答えを探す過程を経てから、あらためて周りを見てみてください。
「こんなところに、赤い時計を置いていたんだ」とか、「部屋の片隅にボールが2個
あるんだな」とか、「カーテンが2枚ある」というように、元からあるものを再認識

しました。

これによって、より部屋の様子がクリアになったのではないでしょうか。**見ているものは変わらないはずだけど、質問されることによって、改めて見渡して、答えを探すことにより、部屋の様子が鮮明に見えるようになるのです。**

子どもの思考についても、同じことが言えます。

〇〇くんは、高校を卒業した後には、何になりたいんだ？

うーん、文章を書くのが好きだし、まとめるのが得意だから、将来は新聞記者になりたいかな……。

じゃあ、大学でやることは、何にすればいいのかな？

うーん……文系の大学に行って、知識の幅を広げることかな。（そうか。自分はこんなことを考えていたのか。将来のことが、ちょっと見えてきたぞ……）

親から問いかけられることで、子どもは答えます。答えを探すことによって、子ど

もは自分が何を考えているのか、何を求めているのか、何をしたいと思っているのかを明らかにしていきます。

答えは、子どもの中にあるのです。

それを見つける手伝いをするのが、「問いかけ言葉」であるといえるでしょう。

問いかけ言葉を伝えると、答えが出るまでに時間がかかるものですから、じれったく感じられるときがあるかもしれません。しかし、問いかけることにより、子どもは自ら考え、学び取り、行動を自己決定していくことができるようになります。

アドラーは、「**人間は、自分自身の人生を描く画家である**」という言葉を残しています。子どもが子どもの人生を切り開くのは、まぎれもない子ども自身です。まさに子どもが、人生の主人公であるということを感じさせなくてはなりません。

時間がかかろうとも、ねばり強く、子どもの答えが出るのを待ちましょう。

問いかけ言葉のポイント

教育は英語でいえばeducation。

語原はeducoであり、その意味は「引き出す」です。

もともと教育とは、人間のうちにある能力を引き出すことに主眼がおかれていました。まずは、問いかけ言葉で引き出すことについて考えていきましょう。

BEFORE

〔子どもが帰ってきて、靴を脱いでいる〕
ちょっと！　門限を守りなさいって、言っているでしょう！　遅くなったら、犯罪に巻き込まれるかもしれないんだよ。何回言えば分かるの？
……はいはい。〔靴を脱ぎながら〕
どうしてこんなに遅くなったの？

……だって友達が、もっと遊ぼうって言うから。

そんなの、先に帰るって言えばいいことでしょう？
言い訳するんじゃない！
約束を守るなんてこと、幼稚園の子でもできるよ、まったく……。

……。（ああ、叱られるのはもうイヤだな。いつまで続くのかな……）

例のようにヒステリックに小言を伝えて言うことを聞かせたとしても、それは子どもの力を伸ばしているとはいえません。子どもを脅して、言うことを聞かせているだけです。

子どもたちが考えて、自ら行動を正すように働きかけてこそ、よい言葉かけといえます。

子どもには、「何がいけないのか」「どうしていけないのか」「次からどうすればよいのか」を考えさせていきます。

問いかけを効果的にするポイントを、４つにまとめました。

問いかけ言葉のポイント①場を整える

問いかけ言葉は、子どもに思考させます。

きちんと考えるには、「ながら」では難しいものです。

靴を脱ぎながら、文字を書きながら、テレビを見ながら……というように、「ながら」になると、考えさせることができません。

「ここに座りなさい」「こっちへ来なさい」「話があるから、ここに来て」というように、改まった場をつくってから、問いかけていくようにするようにしましょう。

問いかけ言葉のポイント②「なぜ」「どうして」ではなくて「何が」と尋ねる

「なぜ〜したの？」という質問は、質問という形をとってはいますが、むしろ、「なじられている」「非難されている」というニュアンスのほうが強くなってしまいます。

「なぜ」「どうして」という言葉は、どういう意味かはっきりしないため、答えるのが難しいのです。結果的に、子どもに言い訳をさせてしまうことになってしまいます。

そこで、「過去」や「問題」に焦点をあてるのではなく、「未来」と「可能性」に焦点を当てるようにします。

「なぜ遅れたのか」ではなく、「何が遅れたことの原因なのか」「どうすれば門限に間に合うように帰れるのか」というように、可能性を引き出す質問を心がけるようにします。

問いかけ言葉のポイント③
親が伝えたいことを子どもに言わせる

子どもが望ましくない行動をするとき、親には何かしら伝えたいことがあるはずです。けれども、これを親の口からは伝えません。できるだけ、子どもの口から言わせるようにします。

たとえば例のケースでは、親が「門限を守りなさい」と言いたいのですが、子どもから「今度からは門限を守る」と言わせるようにします。そのように言わせるためには、「これからは、どうする?」と尋ねればよいことになります。このようにして、逆算して質問をつくるようにします。

人は、人から言われたことに従うには、多少なりとも抵抗を感じるものです。

しかし、**自分の発したことにはそれなりに取り組もうとします。**

だから、親が言いたいことは、子どもに言わせるようにするのがよいのです。

問いかけ言葉のポイント④書き残す

せっかく子どもからいい考えが出されたとしても、次の機会で忘れてしまっては意味がありません。

子どもは忘れやすいものですから、覚えておくための手だてが必要です。

できれば紙に書き残しておき、子どもの目に見えるところに書き留めておくことが望ましいでしょう。

AFTER

〔子どもが帰ってくる〕
お帰りなさい。**手を洗ったら、ここに座りなさい。**【①場を整える】
○○ちゃん、お母さんには気になることがあるんだけど、何か分かるかな。
……門限を過ぎちゃったこと？

そう。**何があったの？**【②「なぜ」ではなくて「何が」と尋ねる】

いや、別に何もないんだけど……。

門限って、どうして守らないといけないのか、分かるかな。

遅くなると、危ないから。

そうね。特に最近は、暗くなるのも早くなってきたしね。

お母さんも、何かあったんじゃないかって心配になるの。

これからは、どうする？【③親が伝えたいことを子どもに言わせる】

きちんと門限を守る……。

どうすれば、門限を守れるかな？

時計を見て、早めに友達に帰ることを伝えるようにする。

うん。次のときに忘れないようにするためには、どうすればいいかな？

何か紙に書いておくようにする。

そうだね。**今書いて、貼っておこうか**。【④書き残す】

今度出かけるときは、その紙を確認してから行こうね。

じゃあ、書けたら晩ご飯にしましょう。

問いかけ言葉のレベルアップ

BEFORE

朝の準備は終わったのかい？
まだ。
友達も待っているんじゃないのか？　早くしなさい。
えー。だって、眠いもん。
いい加減にしなさい！　友達のことを、何だと思ってるんだ！
（はあ。朝からお父さんに怒られるなんて、イヤになっちゃうよ……）

このように子どもが不適切な行動をしている場合、親はどうしたらいいでしょうか。まずはいったん落ち着いて、「理想的な状態」を考えてみましょう。
子どもの理想の状態はどうかといえば、「親から言われることなく、出発時刻の前に準備を済ませて、靴を履いてスタンバイしている状態」などが考えられます。

ここで、「現実の状態」を「理想の状態」に変えていくために、どう言葉かけすればよいかを考えます。段取りとしては、次の3段階になります。

ステップ①「こうあるべき」という理想の状態を確認させる

「どうなればいいかな?」というように、理想的な姿を確認します。

ステップ②できていない現状に気づかせる

「今回はどう?」「今日はどうだった?」などと、できていないことを理解させます。

ステップ③今後どうすべきかを子どもに決定させる

親から言うのではなく、子どもに決定させるようにします。

AFTER

〔子どもが帰宅する〕

○○ちゃん、おかえり。そこに座って。
朝の準備のことで話があるんだけど、いいかな。
今朝、友達との待ち合わせには間に合った?

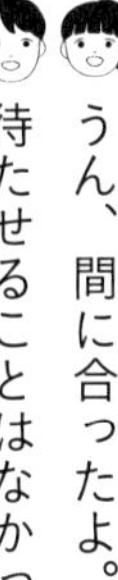

うん、間に合ったよ。

待たせることはなかった？

ええっと……ちょっと待たせちゃったかな……。

そうだよね。

友達との待ち合わせの時刻は、何時だったかな？【①理想の状態の確認】

7時40分。

今日は、何時に家を出たのか、覚えてる？【②現状に気づかせる】

7時45分……。

このままでいいと思う？

ダメだと思う。

そうだね。友達みんなが待っているんだよ。
せっかく早く着いているのに、かわいそうだよね。

明日は、何時に家を出る？【③今後どうすべきかの決定】

7時30分には出られるようにする。

うん、がんばろう。

CASE

10 習い事に意欲的でないとき

BEFORE

さあ、今日もピアノの練習をしましょう。今日の楽譜は、20ページからね。始めましょう。

（はあ、気が乗らないな……）

（練習中）

真剣にやりなさいよ。コンクールまで、時間がないでしょう？

……。（別に、やりたくないしな……）

やりたくないんだったら、やめてしまえば？ コンクールに出ても、恥をかくだけだよ！

あーもう、分かったよ……。（あーあ、やりたくない！）

POINT

はじめに「目標」「ゴール」を設定する

このピアノの練習では、子どもの意欲を無視して練習を開始しています。子どものなかで、コンクールに対する目標が定まっていないのです。目標のない活動というのは、「さあ、走り出してみよう！」「ゴールは特に決めてないけど、全速力で行きなさい！」というのと同じようなものです。

人が一生懸命がんばれるのは、ゴールがあるからです。

だから、「活動のゴール」となる目標を設定する必要があります。

そこで、子どもと一緒に活動のゴールについて話し合います。

目標が決まったら、達成することのメリットに思いを馳(は)せられるようにします。成功したときの感動を先に体感させるなどして、目標への思いをより堅固なものにしていきます。

目標さえ定められれば、努力の方向性が決定されていることになります。

問いかけ言葉

あとは、その後の活動で、行動が目標へ向かう道筋に沿うものになっているかどうかを、適宜確かめるようにします。

AFTER

ピアノの練習を始めようか。その前に……。今度、コンクールがあるよね。
○○ちゃんは、コンクールに出たいと思ってる？

うん、もちろん出たい。

そうか。じゃあ、どういうレベルを目指すのか、一緒に考えてみようか。**「聞いている人が感動するレベル」か、「間違いなく弾けるようにするレベル」か、「とりあえず今回は経験として出場するだけのレベル」か**……。
○○ちゃんは、どうしたいと思う？【選択法】

うーん。せっかく出るんだったら、聞いている人が感動するレベルがいいな。

じゃあ、想像してみようか。
もし本番がうまくいったら、誰が感動する？【想像法】

ピアノ教室の友達。あとは、下の学年の子かな。
動画を見せれば、おばあちゃんとかも感動してくれるかも。

そっか。じゃあ、そのために、どういう練習をしていけばいいかな？

まずは、間違いないように弾けるようにする。
それから、表現力を身につけていく。

よし。がんばろうね。

〈練習でだらけているとき〉

あれ、ちょっと今日は集中できていないね。

うん……。

コンクールの目標はなんだったかな？【ゴール法】

感動できるレベルで弾くこと。

そうだったね。少し休んだら、もう1回がんばってみようよ。

うん。

問いかけ言葉の技法 01

選択法

一般コースで泳げるようになる。
育成コースで上手になる。
選手コースで日本一を目指す。
○○くんは、どの段階を目指したい？

選択法

選択肢の中から、ゴールを決定する

問題を解決するための方法として、選択肢の中からゴールを決定します。親から2～4つ程度の選択肢を提示します。その中から自分の気持ちに合ったものを選択し、目標を決定します。

◎ 選択法の仲間

「3つの生き方があるよ。どれにしたいのか、選んでごらん」

「AとBのやり方があるよ。どっちにする？」

「辛いけど楽しい道か、楽だけどおもしろくない道。どっちに進む？」

「今、別れ道にいるんだよ。どっちに進みたいのか、考えてみよう」

◎ 選択法の事例

習い事を続けるか、やめて新しいことを始めるか、どっちがいい？

そろそろやめて、新しいことをやってみたいな！

問いかけ言葉

問いかけ言葉の技法 02

想像法

想像法

成功した様子を想像させる

子どもに、成功した様子を想像させます。想像を通して、自分自身の想いや、周りの人の反応を感じ取ります。成功することへの強い意欲を喚起させます。

◎想像法の仲間

「成功することで、誰がほめてくれるかな?」

「成功する気持ちを、風船みたいに膨らませてみよう!」

「これをすることで、どんな力がつくかな?」

「もしも毎日続けたら、どうなると思う?」

「それが達成できたとき、どんな気持ちになるかな?」

◎想像法の事例

もしもこの自由研究がうまくいったら、どうなるかな?

新しい発見ができて、ワクワクすると思う!

問いかけ言葉の技法 03

ゴール法

ゴール法

活動の目的を考える

活動の目的に着目させて、明確に自分で決定させます。子どもの進む方向を決め、その方向に向かっているかどうかを確認し、行動や態度の軌道修正を図ります。

◎ゴール法の仲間

「○○ちゃんは、どうなりたい?」

「結果がどうなればいいと思う?」

「習い事をしている目的は何だろう?」

「どんな結果がいいのだろう?」

「その行動は、目標に合っているかな?」

◎ゴール法の事例

今度の試合で、何ができたら成功かな?
1点でも、シュートを決めること!

CASE

11

食器が汚れたまま流しに置かれているとき

BEFORE

（食器が積まれている流しを指さしながら）

わー、食べ終わった後の食器が、汚れたままだ。

うん。

このままだと、洗い物をするのが大変だよ。

ふうん。

だから、ここに持ってきたら、水をかけておいて。

（面倒くさい。やりたくない……）

POINT

「質問」で課題に気づかせる

このケースでは、「水をかけておいてね」とお願いするように伝えています。

それも悪くはないのですが、「汚れたままになっている」状態を、子どもに課題として発見させられるようにしたいところです。

課題意識が子どもの中に醸成されるよう、前述のオートクラインを起こします。

「間違い探し」をしてからチャンクダウンする

まずは、「現状の課題」が何なのかを問いかけます。

課題を問いかけると、答えが無数に出されます。

子どもは、間違い探しの答えを探し出すかのように、楽しみながら考えることができます。

さらに、子どもから出された考えを、「それってどういうこと？」とか「それの何が問題だと思う？」というように、詳しく掘り下げていきます。

このように、物事をより具体的にしたり細分化したりすることを、コーチングの言葉で「チャンクダウン」と呼びます。
チャンクというのは塊という意味です。**チャンクダウンは、塊をほぐすということです。**

話が具体的になればなるほど、何をすればよいかが明確になります。

子どもが行動を起こしやすくなるのです。

このような質問を投げかけ続けていると、「課題発見」→「課題解決のための具体的な行動」という思考の過程が身についていくため、次第に自分で考えることができるようになります。

親から指示されることなく、課題を見つけ、解決策を見つけられるようになるのです。

時間はかかりますが、辛抱強く問いを重ねていきましょう。

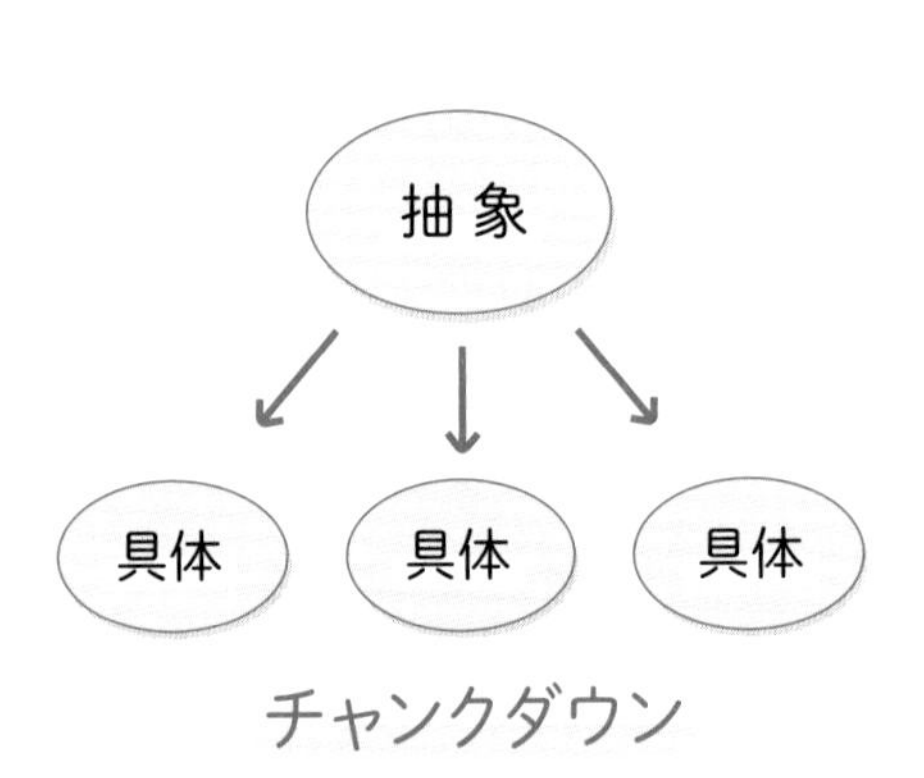

AFTER

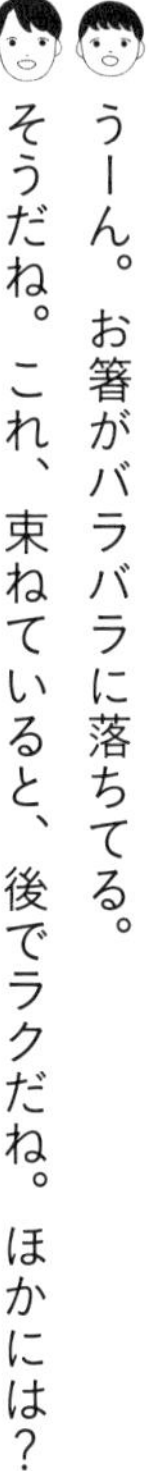

台所を見てごらん。何か気づくことはない？【発見法】

うーん。お箸がバラバラに落ちてる。

そうだね。これ、束ねていると、後でラクだね。ほかには？

食器がベタベタのままだ。

ベタベタのままだと、どうなると思う？【拡大法】

洗うのが大変になる。

そうだね。洗うときに、汚れがなかなか落ちなくて大変なんだよね。どうしておくといいと思う？

水で流すといいかな。

ちょっとだけ、水をかけておくようにするとよさそうだね。ここに食器を持ってきたとき、汚れているときは、水をかけられるといいね。

うん。（今度から、やってみようかな）

問いかけ言葉

問いかけ言葉の技法 04

発見法

発見法

課題を発見する

課題があるときに、自ら発見できるように促します。様々な意見を出させて、1つずつ認めていくようにしていきます。できるだけたくさんの考えを出させることで、子どもの気づく力を育てます。

◎発見法の仲間

「何か違和感がないかな？」　「改善点は、どこだろう？」

「やり直しの理由が、分かるかな？」　「どこに課題があるのかな？」

「何を変えればいいと思う？」　「ほかにもあるかな？」

◎発見法の事例

車の中を見て、思うことはないかな？

うーん……食べた後のオヤツの袋が落ちてる！

そうだね。捨てようか。

問いかけ言葉

拡大法

拡大法

子どもの答えをさらに詳しく掘り下げる

子どもから出た意見に対して、さらに具体化、細分化するような問いを投げかけます。子どもから出た考えの内容が抽象的であったり、不明瞭であったりする場合に用いると効果的です。

◎拡大法の仲間

「具体的にいうと？」

「……というと？」

「たとえば？」

「お父さんに分かるように伝えてくれるかな？」

「例を挙げてみよう」

「細かく教えてくれるかな」

「もう一言、説明を加えると？」

「つまり、どうなればいいのかな」

◎拡大法の事例

これからは、きょうだいゲンカしても、悪い言葉は使わないようにする。

もう少し詳しく説明できるかな。

「チビ」とか、そういう悪口を言わないようにする。

問いかけ言葉

CASE

12

家の中の物が壊れるとき

BEFORE

最近、家の中の物が壊れるでしょう。今日はお友達が来るけど、家の中で走り回ったり暴れたりして遊ぶことはやめてね。雨だから外は出られないけど、静かに遊ぶようにするんだよ。

はーい。

〔友達が来てから〕

よーし。鬼ごっこして遊ぼう！

コラ！　さっき言ったばかりでしょう！

POINT

原因に気づかせて、対策をまとめる

たとえば、家の中で物がたくさん壊れてしまっているとします。

その事実は、子どもにも分かっています。

でも、「どうして物が壊れているのか」「どうすれば壊してしまうのを防げるのか」というところにまで、考えが及んでいません。

まずは、問いかけることによって、問題の原因まで考えさせるようにします。

たくさんの考えを出させていきます。

すべてのことを意識させられるとよいのですが、子どもはそれほどたくさんのことを覚えていられません。

そこで、最後には考えを1つに集約します。

まとめると、出てきた考えはどうなるのかを考えさせるようにするのです。

具体的なアイディアを抽象化して、それを意識させるようにします。

このように、物事をより大きな断片にまとめて抽象化することを、コーチングの用語で「チャンクアップ」と言います。

チャンクアップは、チャンクダウンの反対で、塊をつくるというスキルです。

問いかけ言葉

バラバラに出される考えを、1つに統合させ、まとまった考えを残しておくようにします。

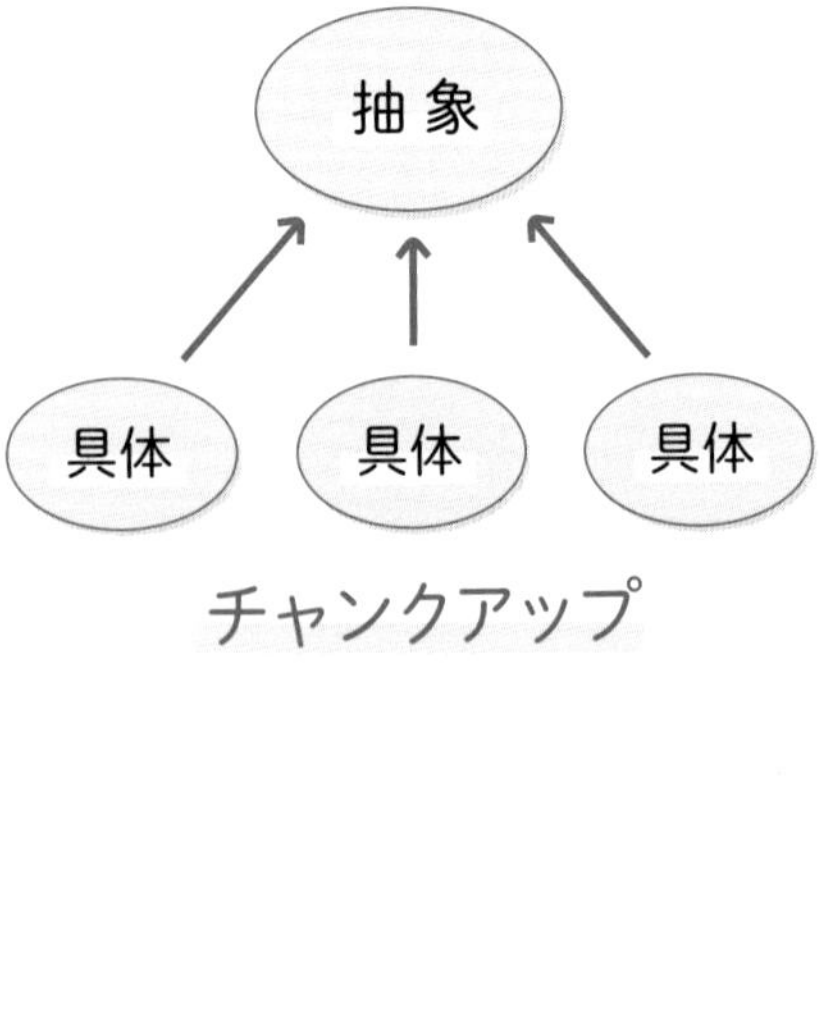

抽象

具体　具体　具体

チャンクアップ

AFTER

最近、家の中の物が壊れるでしょう。何が原因だと思う？【原因法】

友達が来たときに、暴れちゃうからかな。

うん。つい、走り回っちゃうもんね。ほかには？

物を投げて、時計が落ちて壊れたことがあったから、物を投げるのがいけないのかな。

それもあるね。まだあるかな？

ソファの上でピョンピョンしていて、落ちたときにコップを割っちゃったから、ソファではねちゃダメなんだと思う。

なるほど。**今出た考えをまとめると、どうなるかな。**【収束法】

安全に気をつけて遊ぶ。

そうだね。今日はお友達が来るけど、安全に気をつけて遊ぶようにしようね。

問いかけ言葉の技法 06

原因法

原因法

子どもに問題の原因を考えさせる

行動の問題点について、様々な考えをもたせるようにします。子どもは「よくないこと」と漠然と理解しながらも、その問題点を分かっていないことがあります。問題となる原因を明らかにして、対処方法を考えさせるように働きかけます。

◎原因法の仲間

「誰が困るのかな？」

「こうなった原因は、何かな？」

「どんな流れで、こうなってしまったのかな」

「きっかけは、何だったのかな」

「何が悪いんだと思う？」

「何を変えなくちゃいけないのかな」

「始まりについて考えてみよう」

「どうしてやってはいけないのかな」

◎原因法の事例

約束を破ることの、何が問題だと思う？

信頼を失ってしまうことかな……。

問いかけ言葉の技法 07

収束法

収束法

すべての意見を1つの言葉に収束させる

子どもに意見を出させるようにします。そして、**たくさん出た考えを1つにまとめて収束します**。すべての言葉を内包するような抽象的な言葉に収められるようにしましょう。

◎収束法の仲間

「全部できれば、どうなるかな」　「一言で言うと、どうなる？」

「キーワードは、何かな」　「考えを合わせてみよう」

「どの意見が一番大きいかな」　「ワンフレーズにしてみよう」

「考えを合体させると？」

◎収束法の事例

きょうだいゲンカをなくすための考えが、たくさん出たね。**出た意見を1つにすると、どうなるのかな。**

相手の気持ちを考えるってことかな。

CASE

13

深夜までスマホをさわるとき

BEFORE

もう夜遅いぞ。いつまでスマホをさわっているんだ！

でも、グループでのやりとりが、終わらなくて……。

途中で抜けるのも、友達に悪いし。

スマホを買うときに、10時までって決めただろう？

約束を守らないんなら、スマホなんて捨ててしまうぞ！

なんでよ、そこまでしなくていいじゃん！

もう少しで終わりそうなんだから。ちょっとくらい待ってよ！

○○ちゃんのことを思って言ってるんじゃないか！

いい加減にしなさい！

……。（ああ、面倒くさいな。自由にさせてよ！）

POINT

行動を客観化して改善する

このケースでは、すでに「なぜスマホをやり続けるのがいけないのか」を理解させています。

親子で一緒にスマホをさわる上でのルールを決めています。

それにもかかわらず、子どもはスマホをさわり続けて、約束を破ってしまっています。

子どもは、言葉ではきれいなことを言うけれども、行動が伴わないことがあります。

約束を決めるときには、「10時までに終わるようにする」と述べているのです。

でも、実際に遊んだり、友達と関わったりしていると「もっとやりたい」という気持ちが勝ってしまいます。

その結果、言葉に行動が伴わないことになるのです。

行動を数値化する

まずは、そんな自分の行動を客観的に数値化させます。

子どもも、自分ではいけないことと分かっているので、数値化したときには、やや低い結果を述べることでしょう。

そうして、なぜその数値にしたのかを考えさせます。

さらに、**反省させたうえで、自分の行動をどのように改善させていくかを決めさせるようにします。**

段取りを立てて、自らの行動を変えられるように促していきます。

AFTER

◯◯ちゃん。ちょっと、こっちの部屋に来なさい。

はぁい。（しまった、遅くまでスマホやり過ぎたかな？）

今の自分のスマホの使い方に100点満点で点数をつけると何点？【数値化法】

うーん……そうだな……50点くらい……かな？

どうしてそんなに低いの？

ええっと……約束の時間を過ぎちゃったから。

そうだね。スマホを買ったときの約束では、何時までだったっけ？

10時まで。

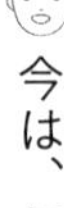
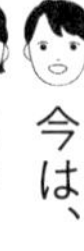

今は、何時？

11時……。

このままでいいと思う？【反省法】

いや、ダメだと思う……でもね、友達とのやりとりが終わらなくて。
先に終えると友達に悪いし、仲間外れにされたくないし……。

なるほど。その気持ちも分かる。
じゃあどうすれば、友達を大事にしながら、時間内で終えられる？【段取り法】

友達にも、10時で抜けることを、先に伝えるといいのかな。

よし、今度はそうしてみよう。それが難しいなら、また考えよう。
買ったときの約束なんだから、きちんと守るんだよ。じゃあ、おやすみ。

はーい。おやすみなさい。

問いかけ言葉の技法 08

数値化法

数値化法

自己評価で数値化・具体化する

自らの活動について、できているかできていないかというのは、曖昧(あいまい)ではっきりしないものです。そこで、**自己評価で点数にして数値化・具体化したり、あるいはモノや身体表現でたとえたりすることで、現状を具体的に把握できるようにします。**

◎ 数値化法の仲間

「今の自分に通知表をつけるなら、『よくできる』『できる』『がんばろう』のうち、どれかな」

「（山の絵を描いて）ゴールが頂上だとするよ。○○ちゃんは、今どこにいるかな」

「理想を10点とすれば、今は何点？」

◎ 数値化法の事例

自分の今のレベルを、手の高さで表現してみよう。どれくらいかな？

このくらいかな……。（中くらいの高さ）

一番上にするには、あと何が足りない？

問いかけ言葉の技法 09

反省法

反省法

自分の行動を反省させる

自分の行動を反省させて、反省の言葉を考えさせます。間違いは誰にでもあります。同じ間違いを繰り返さないようにするために、何ができるかを考えさせます。

◎反省法の仲間

「この学びを覚えておくためには、どうすればいいかな？」

「これからのことは、君がどうするか決めなさい」

「自分の行動のよくないところはどこかな？」

「もう一度やるとすれば、今度はどうする？」

「やってしまった自分にかける言葉があるとすれば、何かな？」

◎反省法の事例

〔テストで悪い点をとってしまったとき〕

今回、点数がよくなかったのはなぜかな？

見直しを全然しなかったことかな……。

問いかけ言葉

段取り法

明日持っていくのを
忘れないために、
何をすればいいのかな。
紙に書いておく。
その紙を、どう
すればいい？
机に貼っておく！

段取り法

段取りを確認する

目標と現状のギャップが確認できたら、その差を埋めるための段取りを確認していきます。手順を踏んで進められるように、助言を加えながら問いかけていきます。

◎段取り法の仲間

「初めにやることは？」　「やることを順番に言ってみよう」

「いつまでにやればいい？」　「どこまでできるかな？」

「どうやってやるのかな？」　「次は、何をするのかな？」

◎段取り法の事例

字をきれいに書くために、どうすればいいかな？

反対の手で押さえるようにして書くよ。

そのあとは、どうする？

Column

怒りのコントロール法

平日の朝、時間が無いのに子どもがゆっくりしていて、親がイライラしてしまう。
そして皮肉なことに、当の子ども本人はイライラしていなさそう。
そんな状況は、よくあるものです。
ここでは、怒りのコントロール方法について考えてみましょう。

①課題の分離をする

まず役に立つのが、「課題の分離」という考え方です。「課題の分離」とは、問題が起こったときに、その問題は誰が解決しなければならない問題なのか、つまり「誰の問題」なのかを分けて考えることです。

朝の登校前に準備を済ませて、時間に間に合うように家を出発する必要があるのは、「子ども」です。子どもの課題なのです。課題に取り組むのは子ども本人です。

でも、子どもはこの状況を問題だと考えていません。「失敗もあるけど、なんとかやれているからこれでOKだ」と思っているうちは、この行動パターンをやめません。

その場合だと、「親が何もしない」ようにすることがよいのです。

親が子どもに代わって問題を解決しなかったら、おそらく子どもは忘れ物をしたり、遅刻をしたりするでしょう。失敗を自分で体験して初めて「このままではいけない」と気づくのです。

子どもが自ら気づいて、「行動を変えたい」と思ったら、「自分の課題」と向き合います。そうなってから初めて、親は子どもが自分で解決できるように支援します。

子どもの課題は、子どもが向き合うものであって、親がなんとかできるものではないのです。イラッとしたときには、「これは誰の課題なの？」と自問しましょう。

②呼吸を整える

ストレスを減らすための第一歩は、「呼吸」に目を向けることです。呼吸は、無意識の行動でありながら、意識的に変化させることもできるものです。呼吸に焦点を当てることで、脳が無意識の行動に気づく手助けをしてくれるようになります。

子育てにイラッとする瞬間があったら、ひとまず呼吸を繰り返しましょう。

座ったままでも立ったままでも構いません。息を吸って吐く、これだけを5回繰り返します。呼吸している間は、可能な限り、おなかのふくらみ、縮み、ふくらみ、縮みの繰り返しを観察することに集中して、ほかのことを考えないようにします。**怒りのピークは6秒間と言われますが、呼吸を繰り返すことによって、この6秒間をやり過ごすこともできます。**

呼吸を終えてから、もう一度自分が言おうとしていたことを見つめ直してみます。すると、「そこまで怒るような問題ではない」などと客観視できるようになります。

③その場から離れる

物理的にその場から離れることも、方法としてかなり有効です。苛立たせる相手と同じ空間にいると、それだけでイライラモードが続いてしまいます。**だったら、その場から逃れてしまえばよいのです。**「違う部屋に行く」「近所を散歩してみる」「台所へ行き飲み物を飲む」「買い物へ行く」「洗面所へ行き手を洗う」「洗濯物を取り込みにベランダへ出る」……。

このようにして、子どもから離れてしまって、心が落ち着いたところで子どものもとへ戻るようにするとよいのです。そうすると、リセットボタンが押されたかのように、再度自分の態度について考え直すことができることでしょう。

子どもは1人の人間なのですから、思うようにいかなくて当たり前です。親が自分の怒りをうまくコントロールして、子どもと向き合うようにしましょう。

第 5 章

はげまし言葉の技法

はげまし言葉とは

子どもが悩んでいるときや落ち込んでいるときに、上手にはげますことができているでしょうか。はげましているつもりが、うまく子どもに受け入れてもらえないことも、きっとあるでしょう。

次の親子のやりとりから考えてみましょう。

BEFORE

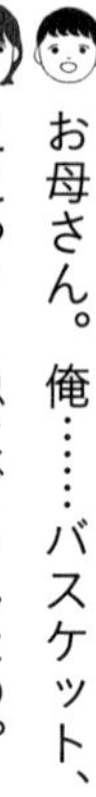

お母さん。俺……バスケット、やめたい。

ええっ？　急にどうしたの。

せっかくこれまでがんばってきたじゃないの。

こんなところでやめちゃったら、きっと後悔するよ？

それでいいの？

せめて、ほら、小学校卒業までは続けたら？

うん、それもそうなんだけど……もう、いいよ。（お母さんは、ちっとも分かってくれない！）

……？（この子、一体何があったのかしら……）

簡単なようで実は難しい「はげまし言葉」

子育ての中では、子どもをはげますシーンは多いものです。

その背景には、「簡単にあきらめないでほしい」「やり抜くことができるようになってほしい」「能力を伸ばしてあげたい」というような親の思いがあるのでしょう。

ただ、この「〜してほしい」とか「〜してあげたい」という思いが強くなり過ぎてしまうと、子どもに理想を押しつけたり、過剰に干渉したり、批判したりすることにつながりかねません。

「はげます」というのは、簡単なようでいて、なかなか難しいものです。

スポーツ大国アメリカでは、**「はげます技術」**なるものが確立しています。

極限レベルのスポーツ現場で競い合う選手たちが、体を鍛えて、技を磨くように、コーチは選手の心に火をつけて、やる気にさせる言葉を磨きます。

本番直前の選手にどのような言葉をかけるのかを考え、選手たちの立場に立って考え抜いた言葉を贈ります。このはげます技術は、「ペップトーク」と呼ばれています。**ペップトークとは、自分自身や他者に対するモチベーションアップや激励のために使われる短いメッセージのことを言います。**

コーチングの技術として多くの企業が導入しており、主にリーダーがチームや部下のやる気を引き出す技術として発展しています。

ペップトークは、実にシンプルな構造で話が組み立てられています。**「受容」「転換」「行動」「激励」という4つのステップ**です。順番に見ていきましょう。

ペップトークのステップ①受容（子どもの悩みを受け入れる）

まずは**「受容」**します。

子どもの悩みとか辛さを、じっくりと受け止め、共感する言葉を投げかけます。子どもの感情や、置かれている状況をそのまま受け入れて、共感することで、子どもの心のドアを開きます。

子どもは自分のことが分かってほしくて相談しているわけです。それなのに、初めから「じゃあ、こうしてみたら」と提案されると、「ぜんぜん分かってくれていない」と感じさせてしまいます。

そうなるのを防ぐために、まずはじっくりと受容するのです。

AFTER

お母さん。俺、バスケットやめたい。

そうなの、バスケットやめたいんだ。【受容】何かあったの?

友達との関係が、あまりよくなくて……。

友達との関係か……どんなことがあったの?

ほかの子がミスをしたときは、「ドンマイ」って言っているんだけど、俺がミスをしたときは、みんな何も言ってくれないんだ。

何も言ってくれないの。**ああー……それは、イヤだね。**【受容】

俺なりに、ちゃんとやろうとしてるんだけど、パスを失敗してしまうことがよくあって……。なんだかそんなふうに嫌われるくらいだったら、もうやめてしまいたいなと思って。

なるほど。友達との関係がうまくいかなくて、もうバスケもやめてしまいたくなったってことだね。

 うん……。

人間関係が悪いと、そこから離れたくなるものだよ。誰だって、そうなんだから、悩むのは、当然のことだよ。【受容】

ペップトークのステップ②転換（子どもの思考を転換させる）

しっかりと受容で子どもの気持ちが受け止められたら、今度は「**転換**」します。**受け入れた事実をポジティブに捉え直します。**ここから、「とはいえ、〇〇だよね」とか、「〇〇ともいえるよね」というように、話を前向きな方向にもっていきます。

AFTER

 そういうものかなあ……。

 そうだよ。ところで、バスケのことも、嫌いになったの？

 ううん、バスケは好き。

 友達関係さえうまくいけば、バスケは続けられそう？

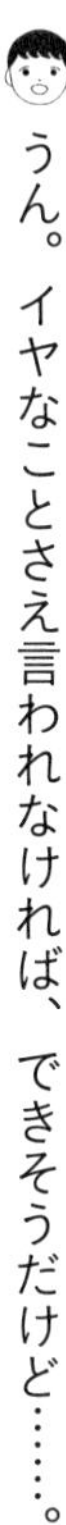

うん。イヤなことさえ言われなければ、できそうだけど……。

そうか。**こうやって悩むこと自体も、バスケを真剣にやりたいと思っている証拠だと思うよ。**【転換】だから、やめるかどうかは、慎重に考えたほうがいいね。

うん。

ペップトークのステップ③行動（子どもの行動を促す）

ここからさらに、**具体的な「行動」**を提案します。**子どもにできそうな、ほんの小さなことでよいのです。**「○○から始めてみようよ」というように、達成可能なことを提案してみるようにします。

AFTER

今の話って、監督やコーチは知っているのかな。

いや、知らないと思う。

一度、練習の後とかに、コーチに話してみたらどうかな。【行動】
チーム内での声のかけ方とか、失敗することについて、コーチから全体へ言ってもらえるといいよね。

うん……そっか。それ、いいかも。

どうだろう。お母さんから言ってあげようか？

ううん。今度の練習のあと、自分で言ってみる。


最悪の場合、やめるっていうことも、選択肢としてはいいと思う。

あなたの心を健康に保つことが何よりも大事だからね。

だってほら、バスケは他のところでもできるんだから。

でも、それだけバスケが好きなんだったら、何もしないままでやめてしまうのは、もったいないよね。

まずは、監督に話をしてみよう。【行動】

うん。

ペップトークのステップ④激励（子どもを激励する）

最後に、**激励**の言葉を伝えます。「**君ならできるよ**」とか「**応援してるよ**」とか「**がんばってね**」とか、**親が子どものことを応援している気持ちを伝えます**。背中を押す一言を伝えて、勇気づけられるようにはげまして、締めくくりにするわけです。

AFTER

どう？　スッキリした？

うん。がんばれそう。

よかった。
お母さんは、何があっても○○ちゃんの味方だから。
がんばってみなさい。
いつでも、相談に乗るからね。【激励】

ありがとう。（お母さんに話をしてよかった！）

はげまし言葉

はげまし言葉のポイント

BEFORE

(中学受験の模擬試験の前に子どもが泣いている)

どうした？ そんなに緊張しなくても、大丈夫だって！

……。(大丈夫じゃないから泣いてるんだ！)

これまで、いっぱい勉強してきただろう？ 大丈夫。その成果を出せばいいんだよ。間違えないようにしてみよう。ほら、今回はもしかすると結果が出ないかもしれないけど、その次はうまくいくかもしれないし……。その……なんだ……。

……。(お父さんは、何が言いたいんだろう？)

とにかく、仮にうまくいかなくても、良薬は口に苦(にが)しってことで、気にすることないんだ。

……。(何が言いたいのか、さっぱり分からない。あーあ、気分が悪くなってきたなあ……)

はげまそうとしても、言葉を間違えてしまうと、むしろプレッシャーを与えてしまうことがあります。

残念なことに、やる気を削いでしまうことだってあります。

はげまし言葉を用いるための4つのポイントを確認しましょう。

はげまし言葉のポイント①ポジティブな言葉を使う

人間の脳は、否定的な言葉を理解できないと言われています。

たとえば、「手のひらの上で踊っている金色のゾウを想像しないでください」と言われたとすると……「金色のゾウ」を想像してしまいますよね。

これと同じことで、「失敗するな」と言われれば、失敗する姿を脳裏に描いてしまいます。だからこそ、否定的な言葉ではなくて、肯定的な言葉をかけるようにしましょう。

はげまし言葉のポイント②短い言葉を使う

長々とした言葉には、不必要な言葉や、意味のない繰り返しの表現が多くなりがちです。また、長い文脈の内容を理解するのに集中力を使ってしまうデメリットもあります。**一方で、短い言葉は相手にスッと入ります。できるだけ端的な言葉を選ぶ必要があります。**

はげまし言葉のポイント③分かりやすい言葉を使う

緊張していたり、不安になっていたりするときに、分かりづらい言葉をかけてしまうと、せっかくのはげましのチャンスが意味不明なものになります。**子どもにもパッと理解できるような分かりやすい言葉を用いるようにします。**

はげまし言葉のポイント④子どもがもっとも言ってほしい言葉を伝える

子どもにとって、言われたい言葉があります。これを見極めて、相手に投げかけるようにします。**表情や動作、子どもの性格などから、子どもが欲しがっているだろう言葉を考えて、伝えていきます。**

AFTER

〔中学受験の模擬試験の前に子どもが泣いている〕

模擬試験がうまくいくか、不安に思っているんだよね。

……でも、大丈夫だよ。【①ポジティブ】

……。（そうかな……）

努力っていうのは、必ず報われるものだよ。【②短い言葉】

毎日一生懸命勉強してきたことを、お父さんは見てきた。【④言ってほしい言葉】

もしも今回失敗しても、また次の模擬試験でがんばればいい。【③わかりやすい言葉】

……。（そうだ。受験まで、まだ時間はあるんだ）

本気でやってみよう。

まずは、今回の試験で、今の○○くんの100％の力を出し切ってみよう。

うん……。（よし、がんばってみようかな）

はげまし言葉のレベルアップ

BEFORE

〈子どもが落ち込んで泣いている〉

〇〇ちゃんなら、大丈夫だよ。いいところがいっぱいあるの、お母さんは知っているよ。

……。（なんだかウソっぽい。思ってもいないくせに……）

親が心から言っているのか、それとも口先だけなのか。

そういうところを、子どもは感覚的に察知します。

自分が子どもの頃を思い返してみてください。

自分が慕っていた大人は、本気だったのではないですか。そして、軽蔑（けいべつ）の対象としていたような大人は「形だけ」だったのではないでしょうか。

子どもは大人以上に、本気かどうかに敏感です。

上っ面の言葉ではげまされているようであれば、子どもにとって喜ばしいことではありません。まるで操作されているような、イヤな感じを受け取ってしまうことでしょう。

はげますときは、本気さが必要なのです。

表情、動作、口調などを意識して、本気ではげましているのが伝わるようにしましょう。

【はげまし言葉のトレーニング】

◎はげまし言葉のメンターをつくる

◎子どもに伝えたい言葉を鏡で練習する

◎映画やドラマの名シーンをマネする

◎飼っている動物や育てている植物をはげます

◎はげましている自分の姿を録画、再生して確認する

AFTER

〔子どもが落ち込んで泣いている〕

辛いよね。その気持ち、分かるよ。【本気の言葉かけ】

うん……。

○○ちゃんなら、大丈夫だよ！
いいところがいっぱいあるの、お母さんは知っているよ。

うん……。（お母さん、本気ではげましてくれている。安心できるなあ……）

CASE

14

学校に行きたがらないとき

BEFORE

お父さん。私、今日、学校に遅れて行こうかな。

え？　どうして？　何か学校であった？

ううん、別にないけど……。

体調でも悪いのか？

いや、悪くない……。

だったら、行かなきゃダメだろう。一度休むと、癖になってしまうぞ。

誰にだって、行きたくないときはあるものだよ。

ほら、顔を洗って、さっぱりしたら、行きなさい。

うん……。（お父さんは、私の気持ちを分かってくれない！）

（この子、大丈夫かな……）

ほめ言葉
叱り言葉
問いかけ言葉
はげまし言葉
挑発言葉

POINT

子どもの思いを受け入れる

この例の親は、「子どもをなんとかしたい」「子どもの気持ちをなんとか変えてあげたい」という気持ちが先行してしまって、結論を急いでしまっています。

子どものネガティブな思考を転換させようと急いでしまうあまり、子どもの感情に対して、初めから否定してしまっています。

このケースの子どもは、学校に行かなければならないと思いつつも、行けない気持ちが強くなってしまって、父親にSOSのサインを送っているのです。

そのような状況の子どもを追い込めば、学校に通うことが本当に困難になってしまうかもしれません。

子どもは、子どもなりに「このままではいけない」とか「なんとかしなくちゃいけない」と思っているのです。

なんとかしたいけれども、不安があまりにも大きくて、どうにもできずにいるのです。そこに親が「行かなくちゃダメじゃない」と言葉をかけてしまうと、子どもを追いこんでしまうことになります。

アドラー心理学では、このようにして困難を克服する力を奪う行為を「**勇気くじ**

き」と呼びます。

この状況で親がやるべきことは、「勇気づけ」です。

子どもの不安な気持ちを、親が受け入れてあげることです。

まずは、子どもの感情に共感します。

子どもの言葉に対して**「オウム返し」**をします。

たとえば、子どもが「特にない」と言えば、「特にないんだ」と返す。

「なんだか落ち着かない」と言えば、「落ち着かないんだね」と返す。

同じような言葉、似たような言葉を繰り返して、子どもと同調します。

そうして子どもに安心感を生み出すのです。


さらに、子どもの動きに合わせて動くようにすると効果的です。

コーチングでは、体の動きを相手に合わせることを**「ミラーリング」**と言います。

子どもが前傾していれば前傾する。もたれていたらもたれるようにします。

もしも可能であれば、子どもの息のペースを合わせる**「ペーシング」**にも挑戦してみましょう。子どもがゆっくりの口調ならゆっくりと話して、早口ならば早くしゃべるようにします。

言葉、動き、ペースを合わせて話を聞くようにすると、子どもは「よく聞いてもらえているな」と感じることができます。

そうやって、言葉や体ごと子どもに同調してみせて、共感していることを態度から示すようにするのです。

子どもがネガティブなことを言ってきたら、親も焦燥感に駆られてしまいがちなものですが、まずは子どもの感情をしっかりと受け入れましょう。

否定せずに最後まで聞き、不安な気持ちに寄り添えるようにします。

AFTER

お父さん。私、今日は学校遅れて行こうかな。

そっか。学校に、遅れて行きたいんだ。【受け止め法】

うん……。

何か学校であった？

ううん、別にないけど……。

体調でも悪いのか？

いや、悪くない……。

そっか。理由はないけど、学校に行きたくないときって、あるよな。

実はお父さんも、子どものときに、そうやって行きたくなかったとき

があるんだよ。【例示法】

へえ……。（お父さんも、あったんだ）

行きたくないときは、行きたくないって言えばいいんだよ。【吐き出し法】

うん……今日は、ちょっと行きたくないな。

わかった。先生にはお父さんから連絡しておくから。
今日は、家でゆっくりと休むといい。
自分の気持ちと向き合おうよ。

うん。（お父さんは、私の気持ちを分かってくれるんだな……安心できるな……）

はげまし言葉の技法 01

受け止め法

受け止め法

子どもの気持ちを受け止める

子どもの心の状態に共感する気持ちを伝えます。子どもの言葉を繰り返したり、動きを合わせたりして、事実をゆったりと受け止めます。子どもとまったく同じ感情を抱いているかのように言葉を発します。

◎受け止め法の仲間

「辛かったね」　「それが当たり前だよ」
「悲しいよね」　「今のままで十分だよ」
「泣きたくもなるよね」　「あるある、そういうこと」

◎受け止め法の事例

（友達とケンカして泣いている）

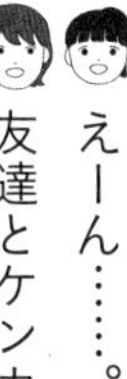

えーん……。

友達とケンカして、辛いんだね。**誰でも、そう感じるものだよ。**

うん……。（よかった、これが当たり前なんだ……）

はげまし言葉

はげまし言葉の技法 02

例示法

例示法

自分や他者の体験を例に挙げる

自分や他人の似たような失敗例を伝えることによって、子どもを安心させます。子どもは、自分以外の例を知ることで、「自分1人だけじゃないんだ」と安心感を覚えることができます。親は、自分自身の経験を振り返ったり、見聞きした例を思い返したりするようにして、失敗例として提示できるように備えておきます。

◎例示法の仲間

「おじいちゃんも失敗していたよ」「お母さんの知り合いの子どもの話なんだけどね」「こんな偉人も失敗をしているんだ」「同じ失敗をしている人を、見たことがあるよ」「『さるも木から落ちる』ってことわざがあるんだよ」

◎例示法の事例

昔、お母さんの友達が、同じように失敗したことがあったんだよ。

えっ。私以外にも、いるんだ……。

はげまし言葉

吐き出し法

吐き出し法

感情の出し方を伝える

「怒ってはいけない」「泣いてはいけない」などというように、子どもは感情を自分の中に押し込んでしまう場合があります。その生き方がクセになると、自分の感情を表現できなくなってしまいます。**心のストッパーを外して、感情を素直に表現することを促します。**

◎ 吐き出し法の仲間

「こうやって言うといいんだよ」「全部言ってごらん」「叫んでもいいよ」「お父さんのマネをしてごらん」「気持ちを吐き出してみよう」「まだ思っていること、あるんじゃない？」「○○ちゃんみたいに、言っちゃっていいんだよ」

◎ 吐き出し法の事例

今、悲しい気持ちなんだよね。

……。（うなずく）

そういうときは、泣いちゃってもいいんだよ。

はげまし言葉

CASE

15

友達と仲良くできなくて落ち込んでいるとき

BEFORE

どうしたの？

最近、友達とケンカばっかりしてしまうんだ。

僕って、いいところが全然ないんだよな……。

そうか、なんだか辛い気持ちなんだね……。

僕は、みんなみたいに友達ができない。

これから先も、友達なんてできっこないよ……。

自信をなくしているんだね……。

やる気がなくなっちゃった。

なんだかそういう気分のときって、あるよね……。

うん……。（お母さんと話していると、どんどん暗くなるなあ……）

POINT

表裏をひっくり返して、あるものを承認する

これは、寄り添う気持ちを発揮させ過ぎてしまったときに陥りがちな失敗例といえます。

前述の通り、子どもの心に寄り添えば、子どもは安心します。

ただし、いつまでも長く寄り添い続けると、ますます落ち込ませてしまうこともあります。

ある程度受容したら、思考を転換させるような言葉かけを働きかけます。捉え方を変えるような言葉かけをして、子どもがマイナスに捉えてしまっている感情を、プラスへと転じさせるのです。

はげまし言葉

「だからこそ」「とはいえ」の接続詞で転換させる

ディズニー映画には、耳の大きなゾウが出てくる『ダンボ』という物語があります。ダンボは、自分の耳が大きいのは恥ずかしくて、コンプレックスを感じています。でも、ネズミのティモシーが「そんなに大きな耳なら、空も飛べるんじゃないか」とはげますことで、勇気づけられます。ダンボは大きな耳を使い、本当に空を飛べるようになるというお話です。

このティモシーの言動こそが、見方を転換させるためのコツだといえます。

子どもが不安に思っていることや、コンプレックスを感じていることについて、視点を変えてあげるようにします。子どもは、それを機にして気持ちを切り替えることができます。

ポイントは、**「だからこそ」「とはいえ」**という言葉の考え方にあります。

「だからこそ」というのは、**「君はBだ。だからこそAなんだ」**という転換方法です。たとえば今回では、「本気で仲良くしたいと思っている。だからこそ辛い気持ちなんだ」と捉え直すことができます。

「とはいえ」というのは、**「君はAと言っている。とはいえAはBとも言えるよね」**

という方法です。たとえば今回でいうと、「友達がいないと言っている。とはいえ、ほかのクラスにはいるよね」というように気づかせることができます。

このようにして、「だからこそ」「とはいえ」の発想で、捉え方を転じさせていくのです。

はげまし言葉

AFTER

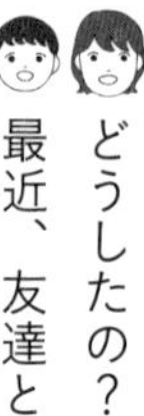

どうしたの？

最近、友達とケンカばっかりしてしまうんだ。

僕って、いいところがないんだよな……。

そうか、なんだか辛い気持ちなんだね……。

僕は、みんなみたいに友達ができない。

これから先も、友達なんてできないよ……。

○○ちゃんには、友達が1人もいない？【気づき法】

ううん。違うクラスにはいるよ。

じゃあ、誰とも仲良くなれないってことは、ないよね。

うん、そうなんだけど……。

今、すごく悲しい気持ちをしていると思う。

でもそれは、もっと友達と仲良くしたいって感じているからこそ、悲しいんだよね。【視点かえ法】

どうでもいいと思っているなら、悲しい気持ちも起こらないはずだよ。

うん。みんなと、仲良くしたい……。

その気持ちがあれば、大丈夫。○○ちゃんは、友達思いなんだから。

ほら、この間も、友達に遊びのやり方を教えてあげていたでしょう？

でも、みんなみたいに、得意なこともないし……。

だからこそ、いいんじゃない。【再否定法】

何もかも得意な人には、苦手な人の気持ちなんて分からない。

でも、〇〇ちゃんには、それが分かる。

友達ができないとか、得意なことがないとか、辛く感じているからこそ、優しい心が育つんだよ。

確かに今は、あまり友達ができないかもしれない。

でも、その優しい心があれば、これから先、ずっとたくさんの友達ができるようになっていくよ。

そっか。そうかな……？（なんだかちょっと、元気になってきたぞ）

泣いていてもいいんだよ。元気になったら、外に遊びに行こうよ。

はげまし言葉

はげまし言葉の技法 04

気づき法

気づき法

「今あるもの」に目を向けさせる

「ないもの」に注目してしまうと、不安感が増していきます。パズルで言うと、「欠けたピース」を探し続けるようなものです。「すでにあるピース」に注目させて、「今あるもの」「すでにできていること」を見つけられるようにしていきます。

◎気づき法の仲間

「あなたには〜があるんだよ」「とはいえ〜だよね」
「あなたの〜なところを輝かせてみようよ」「あなたは気がついていないようだけど」
「実は〇〇くんは〜なんだよ」「〇〇ちゃんには〜の才能があるんだ」

◎気づき法の事例

バレエのコンテスト、うまくいくかな。自信がないな……。
毎日練習するっていう努力を、これまでやってきたよね。
うん。（そういえば、がんばってきたんだったな……）
毎日続けるのは、簡単にできることじゃないよ。自信をもっていこう！

はげまし言葉

はげまし言葉の技法 05

視点かえ法

今、悲しいんだね。

でもそれって、
友達と本当に
仲良くしたいって
思っているからこそ
悲しいんじゃ
ないかな。

うん……

そう言われてみれば、
そうかも……

視点かえ法

コインの表裏をひっくり返すように捉え方を変える

コインに表と裏が存在するように、1つの物事でも、表が上になっているか、裏が上になっているかで見え方が異なる場合があります。今現在がよくない状態でも、**「裏を返してみたら実はこうだ」というようにして、発想を切り替えることができます。**

◎ 視点かえ法の仲間

「言い換えると〜ってことだね」「これは〜のチャンスでもあるよね」
「それは〜してきた表れだよ」「ここからは上がるだけだよ」
「それって〜とも考えられるよね」「裏を返せば〜だよね」

◎ 視点かえ法の事例

昨日、緊張して眠れなかったんだ。

それは、今日まで本気で準備してきた証拠だよ。

うん……（確かに）そうだね！

はげまし言葉

はげまし言葉の技法 06

再否定法

再否定法

子どもの謙遜を、さらに否定する

リフレーミングの言葉（258ページ参照）を投げかけると、子どもが謙遜(けんそん)して否定してくる場合があります。それを、さらに否定してみせることで、説得力をもたせます。**子どもの謙遜の気持ちを上回ることができるように、熱量をもって伝えましょう。**

◎再否定法の仲間

「それでも、大丈夫！」「その気持ちこそが大事なんだ」「そう考えてこそ、本物だ」

「○○くんはそう思うかもしれないけど、お父さんは違うと思う」

「それが、いいんじゃないか」

◎再否定法の例

そうやって悩むのは、○○ちゃんが成長したいと思っている証拠じゃないかな。

でも、成績は全然上がらなくって……。

そんなことはない。ほかの人もがんばっているから変わらないように見えるけど、○○ちゃんの力は確実に伸びているんだよ。

はげまし言葉

CASE

16

受験当日、不安を感じているとき

BEFORE

〇〇ちゃん、今日はいよいよ試験当日だね。
うん……。
大丈夫。絶対合格できる！　〇〇ちゃんなら、合格間違いなし！
う、うん……。（ああー、プレッシャーだなあ……落ちたらどうしよう……）

POINT

結果ではなく、行動を促す

この例では、「合格できる」というはげましを受けているわけですが、それだと具体的に何をすればいいのかが分かりません。

そうなると、はげまし言葉として受け入れにくいものになってしまいます。

「結果」に注目する言葉を受けても、何をどうすればいいのかが分からないのです。

したがって、はげましの効果が弱いものになってしまいます。

子どもにとって達成可能な行動を促す

そこで、結果ではなくて、**「具体的な行動」**を促してみましょう。

たとえば、サッカーの試合ならば「絶対勝てる！」ではなくて、**「前回3点決めたから、今回は4点を決めよう！」**という言葉かけが考えられます。

片づけができない子どもには、「きれいに片づけよう！」ではなくて、**「まずは積み木を10個しまってみよう！」**と伝えます。

「そんな簡単なことでいいのか」と思えるような、**達成可能な行動を伝えるのが望ま**

しいです。「何をすればよいのか」というイメージの湧く言葉かけを受ければ、子どもは「それくらいなら、やればできそうだ」と感じます。

結果として、意欲を高めることにつなげられるのです。

できるだけ肯定的な言葉を用いて、具体的な行動を示して伝えましょう。

AFTER

○○ちゃん、今日はいよいよ試験当日だね。

うん……。

大丈夫。**今日は、分かる問題から解いていこう。**【勧誘法】
いつも通りにやれば、大丈夫なんだから。

うん……。

○○ちゃんなら大丈夫。きっと、うまくいくよ。【肯定法】

うん。（よし、がんばってみようかな！）

はげまし言葉の技法 07

勧誘法

勧誘法

前向きに行動する気持ちを子どもにもたせる

具体的な行動を投げかけて、「できる気持ち」をもたせます。**子どもにとって実現可能な範囲の行動を提示するのがポイントです。**子どもにとって難易度の低いことを考えて、提案してみましょう。

◎勧誘法の仲間

「小さなことから、始めてみよう！」

「いつかよかったと思える道に行こう！」

「楽しいことをやろうよ」

「一歩だけ、動き出してみよう」

「ほんの少しでいいからやってみよう」

「たった1つでいいから、考えてみよう」

「〜だけでもできるといいね」

「ちょっとだけ力を出してみよう」

◎勧誘法の事例

〈レストランで苦手な食べ物が出てきた〉

一口だけ食べてみようか。

うん。

はげまし言葉の技法 08

肯定法

肯定法

肯定的な言葉で自信をもたせる

やる気の出る肯定的な言葉を短く伝えて、子どもに自信をもたせるようにします。**特に、語尾を強くして、本気で応援している気持ちを伝えます。**前向きな言葉で、明るく元気に伝えましょう。

◎肯定法の仲間

「絶対できる！」　「きっとやれる！」

「カッコいいよ！」　「さあ、行こう！」

「うまくいくよ！」　「○○ちゃんならできる！」

「信じてるよ！」　「自分を信じて！」

◎肯定法の事例

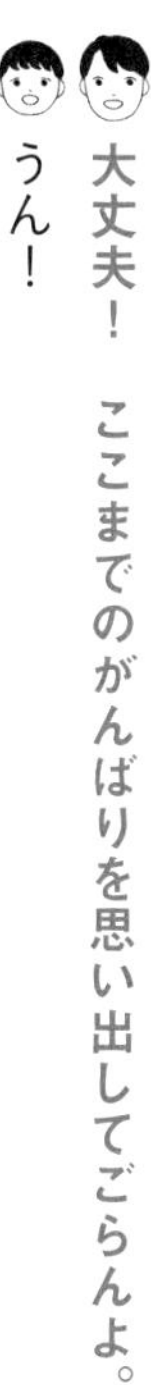

大丈夫！　ここまでのがんばりを思い出してごらんよ。
うん！
そうそう、その調子！

はげまし言葉

CASE

17

試合に向けて出発するとき

BEFORE

いよいよ今日が、剣道の試合だね。がんばってね。

うん。

結果が楽しみだなあ。また帰ってきたら結果を教えてね。

ええっ……うん。行ってきます。（なんか、他人事（ひとごと）だなあ……）

POINT

最後に一押し、応援する気持ちを伝える

行動まで呼びかけることができたなら、最後にもう一押しを加えましょう。**「親は味方」「親は応援団」ということを感じさせて、安心して力を発揮できるように働きかけます。**「そうだ！」「できるんだ！」という前向きな気持ちをもたせます。

「がんばろう」とするあまりに、体や心に力が入りすぎている場合もあります。リラックスできるように、脱力できるような優しい言葉を投げかけるのも有効です。

長々とした言葉は必要ありません。できるだけ短く、子どもに伝わりやすい言葉で、背中をポンと押し出してあげるようなイメージで、**「最後のもう一言」**を伝えましょう。

AFTER

いよいよ明日が、剣道の試合だね。がんばってね。**お母さんは、応援しているよ。【応援法】勝っても負けても、勝負は時の運だから、なるようになる。楽しんでおいで！【脱力法】**

うん！　行ってきます！（そうだ、楽しむ気持ちでがんばってこよう！）

はげまし言葉

応援法

応援法

応援している気持ちを伝える

応援の言葉を投げかけ、応援している気持ちを伝えます。はげまし言葉の締めくくりとして、強い応援のメッセージを送り、一歩を踏み出すように促します。前向きな気持ちをもつことができるように、短く、強く、元気に伝えましょう。

◎応援法の仲間

「そばにいるからね」「フレー、フレー!」「がんばって!」「ファイト!」

「できるといいね!」「力を出し切ろう!」「全力でいこう!」「いけー!」

「あなたを見ていると、ママも力が出るよ!」

◎応援法の事例

自分を信じて!

うん!

お母さんは◯◯くんの応援団なんだから。がんばってね!

脱力法

脱力法

子どもを脱力させて、前向きな気持ちをもたせる

子どもがやる気をもったものの、心の緊張がほぐれない場合があります。**体や心の力を解きほぐして、柔らかい気持ちで取り組めるように促します。**リラックスさせるために、明るく力の抜けた態度で接するようにするとよいでしょう。

◎脱力法の仲間

「ゆっくりでいいよ」「力を抜いて」「なるようになる」「リラックスして」「無理しないでね」「心をほぐして」「失敗してもいいよ」「練習と同じようにやろう」

◎脱力法の事例

ちょっとくらい、間違えてもいいんだよ。

うん。

そうそう。楽にやろうよ。

Column

子どもの短所をポジティブに変換する「リフレーミング」

コインに裏表があるように、1つの性格には2つの捉え方があります。

子どもが短所と捉えている性格が、実は長所になるのです。

たとえば、神経質な人がいたとします。

「神経質」という捉え方は、ネガティブな印象がありますので、これは短所の側から見ています。

しかし、神経質というのは、「細かいことが得意」と変換してみることもできます。

このようにして、言葉かけで子どもをはげます際には、ネガティブな印象の言葉をすべてポジティブな言葉に置き換えて伝えてみましょう。

まずは練習として、自分自身の短所を書き出してみましょう。

それを、肯定的な面から捉えなおしてみます。やってみると、少しでも勇気が湧いてくるのを感じられることでしょう。

リフレーミング一覧表

飽きっぽい→好奇心旺盛	断れない→相手を尊重する
あきらめが悪い→ねばり強い	しつこい→ねばり強い
あわてんぼう→行動的	ジッとできない→意欲がある
いい加減→寛大	地味→素朴
意見を言えない→協調性がある	神経質→細かいことが得意
いばる→リーダーシップがある	すぐに怒る→情熱的
うらやましがり→人を認められる	すぐに走り出す→行動力がある
遠慮がない→積極的	せっかち→仕事がはやい
大ざっぱ→おおらか	そそっかしい→始めるのがはやい
臆病→慎重	外面がいい→社交的
遅い→丁寧	だらしない→大らか
おしゃべり→明るい、気さく	調子に乗る→ノリがいい
落ち込みやすい→感受性が豊か	冷たい→冷静
落ち込まない→精神が丈夫	でしゃばり→世話好き
おとなしい→穏やか	泣き虫→感情豊か
面白味がない→真面目	のんき→マイペース
カッとしやすい→情熱的	引きこもり→学者肌
変わっている→個性的	ひとりぼっち→自立している
頑固→こだわりがある、意志が強い	不愛想→クール
気が短い→瞬発力がある	ふざける→周りを楽しませる
気が散る→好奇心旺盛	ボーッとしている→おおらか
気が強い→自分の考えを持っている	まかせっきり→人を信頼している
気が弱い→周りを大切にする	無口→奥ゆかしい
空気が読めない→自分を持っている	優柔不断→慎重
口が悪い→素直	よく考えない→行動派
口べた→言葉選びが慎重	乱暴→たくましい
計画性がない→臨機応変	理屈っぽい→論理的
強引→リーダーシップがある	わがまま→信念がある

相手の視点とかモノの見方を変える技術を「リフレーミング」と呼びます。

フレームとは「枠組み」を表す言葉で、思考の枠組みを取り替えてしまうのが「リフレーミング」です。

子どもがよくないフレームをもっている場合は、それをよいフレームに取り替えてあげましょう。

短所の面から見るのではなく、長所として捉えて、はげましていくようにすると、子どもの能力はグングンと伸びていきます。

第6章

挑発言葉の技法

挑発言葉とは

「子どもを育てるための言葉かけなのに、『挑発』ってどういうこと？」と、不思議に思われる読者の方も多いことでしょう。

挑発といえば、相手をからかうとか、よくないイメージをもたれる方がいるかもしれません。しかし、挑発言葉をうまく使いこなせるようになれば、子どもの姿は劇的に変わります。

子どもは、あまのじゃくな性格をしているところがあります。

「やろう」と言えば「やりたくない」と言います。

反対に「やるな」と言えば「やりたい」と言うことがあります。

この性質を利用して、子どもをよい方向へと導きます。

つまり挑発言葉とは、子どもに対して否定的に働きかけることによって、肯定的な行動を生み出すことをねらう言葉かけです。

たとえば、字を書く練習を始めるときに、「この字を書くのは、難しいから無理だと思うけどなあ」と言って挑発します。

すると、子どもは「できるよ！」と言って、ムキになってやってみせます。

親はそこで、「こんな難しいことができるなんて、すごい！」とほめます。

子どもは、得意気になって喜ぶことでしょう。

このように、あえてマイナスの言葉を用いることにより、子どものプラスの反応を引き出すのです。

子どもの成長を願いながら、あくまでも「演技で」挑発してみせるのです。

挑発言葉がうまく機能すれば、子どもの力は急激に上昇します。

ただし、使い方を誤ってしまうと、子どもの心を傷つけてしまうおそれもあります。

たとえば、親が「できないと思うけどなあ」と言ったことに対して、子どもが本当にできなかった場合には、「お母さんは僕の力を信用してくれていない」「僕はできない子なんだ」と落ち込ませてしまうかもしれません。

また、「そのまま」の意味で捉えさせてしまうとすると、これは単なる嫌みや皮肉にもなりかねません。

言葉かけの熟練している人でも、この「挑発言葉」まで使いこなせる親は少ないものです。**挑発言葉とは、「言葉かけの上級テクニック」ともいえるでしょう。**

使い慣れるまでには、十分に気をつけて使うようにしたいところです。

挑発言葉のポイント

BEFORE

自転車、補助輪つきでこいでみようか。
これなら、そんなに難しくないから、すぐにできるよ。

ふーん、確かに簡単そう。（乗ってみる）見て、できたよ。

おっ、もうできたんだね。

うん。（簡単すぎて、ちょっとつまらなかったな）

挑発言葉を使うにあたって、3つのポイントを確認しましょう。

挑発言葉のポイント①やさしいことを難しそうに言う

ある研究では、課題を達成できると思うかどうかが50％のとき、もっとも人はその課題に取り組んでみたいとしていることが分かっています。

つまり、「できるか、できないか」が五分五分のときに、行動してみようとする傾向がもっとも高くなるのです。やさしすぎる活動では、できてもうれしくないし、難しすぎる活動だと、どうせできそうもないのだからやる気がしないということです。

例のケースでは、子どもは補助輪つきの自転車に乗ることを「簡単そう」と捉えています。

今回のように活動内容がやさしい場合には、挑発言葉を用いることにより、活動に対するイメージを変えていくようにします。**つまり、親の言葉によってあえて不安にさせて、難易度のイメージを高めて、やる気を起こさせるようにしていくのです。**

やさしい活動のときには、「これは難しいんだよ?」というように挑発します。

挑発言葉のポイント②ひょうひょうとする

挑発言葉は、力をこめすぎてはいけません。演技力が必要です。

言葉を軽くしましょう。お笑い芸人のボケの人の言動が参考になります。

芸人が食レポをする場面を思い浮かべてみましょう。

「こんな色のソフトクリームが、本当においしいの?

挑発言葉

おいしいわけ、ないじゃないか……わわっ……おっ、おいしい！」


このような定番の笑いの流れが、ありますよね。

挑発とはまさに、「こんな色のソフトクリームがおいしいの？」の部分です。

この言葉を言うときには、ひょうひょうとしているのが最適です。

表情はまじめにしかめっ面を装いつつ、とぼけるような感じで伝えるのがよいでしょう。

挑発言葉のポイント③必ずほめ言葉で締めくくる

「挑発言葉」は「ほめ言葉」とワンセットです。

最後にほめ言葉がなければ嫌みや皮肉ともなりかねません。

驚きの気持ちのこもったほめ言葉を伝えます。

たとえば、次のようになります。

親「さすがに無理だよね」→子「できた！」→親「ええっ!?　できたの!?」
親「やめておいたほうがいいんじゃない？」→子「できた！」→親「天才じゃない

の!?」

このような定番の流れが、子どもの心に火をつけるのです。

AFTER

自転車、補助輪つきでこいでみようか。**でも、いきなりは無理だと思うけどな。**【①やさしいことを難しそうに言う】**お父さんも、子どもの頃は、乗れるようになるまでに3日くらいかかったし。**

失敗しても、全然問題ないからね。【②ひょうひょうとする】

簡単だよ！　ほら見て、できたよ！

ええっ!?　すっ、すごい！【③ほめ言葉で締めくくる】

1人で乗れるなんて！　まだ5分しか経ってないよ?

うん！（お父さんを驚かせたぞ！　うれしいなあ！　自転車って、楽しいなあ！）

挑発言葉

挑発言葉のレベルアップ

挑発言葉を使えば使うほど、子どもが前向きに挑戦しようとする構図ができていきます。

親には、演技力が求められます。

もともとユーモアのセンスのある親には、そう難しいことではありません。

挑発というのは、ある意味「ウソ」なのです。

お笑い番組でたとえるならば、「ボケ」に近いといえます。

小さなウソをついたり、ボケてみせたりして、人を楽しませることが得意ならば、簡単に本書の挑発言葉を使いこなせるようになることでしょう。

一方で、「生真面目（きまじめ）で、ボケてみせたことなんてない」という人には、ちょっとした努力が必要です。身近な人を笑わせたり、冗談を言ったりして、周りの人の気持ちを動かせるようになりたいところです。

そうして、体と心の「軽さ」を身につけられるようにしましょう。

次のようなワークに取り組んでみましょう。

【挑発言葉のトレーニング】

◎簡単な課題に対しての挑発言葉を書き出してみる
◎鏡を見ながら練習する
◎録画、再生してみる
◎家族や同僚に冗談を言う
◎1日1回人を笑わせる
◎お笑い番組を観る
◎漫才コンビのボケをマネする

CASE

18

子どもが勉強に飽きているとき

BEFORE

じゃあ、今日も算数のワークをやってみようか。

えー。またワークやるの。

受験まで、それほど時間がないんだから、がんばりなさい。

多いなあ……。

大丈夫。そんなに難しい問題でもないし。

できたよ。答え合わせして。

はいはい、ちょっと待ってね。

（つまんないの……）

POINT

子どものあまのじゃく性を利用する

このケースでは、「簡単にできる」ことを、そのまま「簡単だ」と言ってしまっています。簡単な課題を「難しくない問題」というのは、事実ですから、子どもを安心させるためには必要な言い方です。

しかし、この言い方は、子どもの心に火をつけるにあたっては、適切なものではありません。

子どもをやる気にしたいのであれば、「簡単にできること」を、「難しい」と伝えてみることです。

子どもがクリアできるレベルを設定して、あえて「これはできないんじゃないかな」というように否定してみせるのです。

そうすれば、子どもは**「簡単そうだけど、それほど難しいというならば挑戦してみよう」**と考えるようになります。

ほかにも、子どもにとって学習済みのことを、「まだ知らないと思うけど……」というように、挑発しながら取り扱ってみるのも効果的です。

挑発言葉

そのために親は、子どもが何を知っていて、何を知らないかを把握しておきます。

知ったうえで、「まだ知らないと思うけど」と切り出すのです。

あるいは、**「言いかけて止めてしまう」**のもよいでしょう。

子どもたちは気になってしまって、「続きを聞かせてよ！」と継続を求めます。

このようにして、とぼけたり、制止してみせたりすることによって、子どもの注目を活動へと惹きつけていきます。

AFTER

じゃあ、今日はね……。
あっ。これは……やめておいたほうがいいな……。【言いかけ法】
何々？　なんなの？
いや、〇〇ちゃんには内緒かな。
教えてよ。
仕方ないねえ。お母さんのお友達にもらったんだけどね。
3年生には絶対できないって言われている問題があるの。やってみる？
うん、やってみたい！
まだ習ってないと思うんだけど、2けた×2けたの筆算なんだ。【とぼ

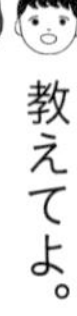

け法】

そんなの、もう習ったよ！

ええっ、そうなの？

○○ちゃんでも、さすがにこの問題は解けないと思うんだけどね……。

【制止法】

できる！　やってみる！

じゃあ、やってみようか。

……できた！

ええっ!?　できたの!?　じゃあ、答え合わせをしてみようか……全問正解！

すごいねえ！

えへへ。（すごくいい気分！）

挑発言葉

挑発言葉の技法 01

言いかけ法

言いかけ法

言いかけてやめる

ある話の内容について、初めの一言を話しかけたところでやめてしまいます。子どもは、話の続きが気になるので、集中して聞くようになります。**大切なことや、興味をもたせたい内容を伝える際に、子どもの注意を引きつけるテクニックとして効果的です。**

◎言いかけ法の仲間

「実はね……いや、やめておこう」「こんなことを言っても仕方ないね」

「大切なことなんだけど……いや、なんでもない」「言っても無駄かな」

「黙っていたことがあるんだけど……いや、やっぱりやめた」

◎言いかけ法の例

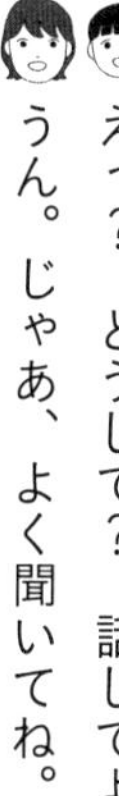

話しておきたいことがあるんだけど……いや、今日はやめておこうかな。

えっ？　どうして？　話してよ！

うん。じゃあ、よく聞いてね。

挑発言葉の技法 02

とぼけ法

○○くんは知らないと思うけど、
布団はこうやって、3つにたたむんだよ。

とぼけ法

子どもの知っていることやできることを否定的に提示する

子どもが知っていることや、できることについて、まるでまったく知らないことであるかのようにとぼけた感じで説明します。子どもはムキになって、「知ってるよ！」とか「学校で習ったよ！」というように反論することでしょう。

そこで驚いてみせることで、子どもの自尊心をくすぐります。

◎とぼけ法の仲間

「聞いたことがないと思うけど……」「やったことがないと思うんだけど……」

「初めて見るだろうからビックリすると思うんだけど……」

◎とぼけ法の例

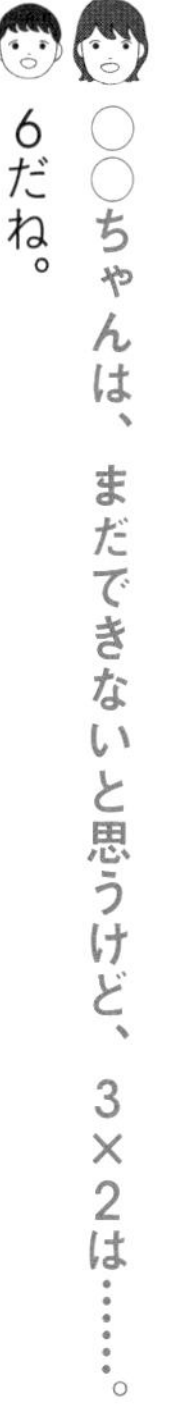

○○ちゃんは、まだできないと思うけど、3×2は……。

6だね。

ええっ!?　もう九九ができるの？

挑発言葉の技法 03

制止法

制止法

活動に取り組むことを初めから制止する

子どもが取り組もうとしていることについて、あえて初めから制止してみせます。

子どもは反発してチャレンジすることでしょう。「一見難しそうでいて、実は簡単にできるような課題」で用いるのが適しています。

◎制止法の仲間

「それは無理じゃないかな」「大人でもできないんだよ？」「そんなわけないでしょう」

「できるわけがないよ」「子どもには早いよ」

「やらなくていいよ、中学生レベルなんだから」

◎制止法の例

じゃがいもの皮むき、やってみたいな。

皮むきは、難しいよ？　大人でも、なかなかむけないものだからねえ……。

できるよ！　ほら、きれいにできたよ。

ええっ、本当だ！　料理の達人だなあ。

CASE

19

準備が遅いとき

BEFORE

（出かける直前）

○○くん、出かけるよ。準備できた？

えー、まだ。

ちょっと、まだパジャマじゃないか。10時に出るって、昨日言ったよね？

うん……。

もう、ほら、さっさと着替えて。電車に乗り遅れちゃうよ。

えー、でもちょっと待ってよ。動画がいいところなんだから……。

動画なんて、後で見なさい！

……。（怒られちゃった。つまんないの）

POINT

乗り越えられる基準を、難しいものであるかのように設定する

このケースでは、出発の準備に時間がかかっています。

ダラダラと準備をしてしまっています。

お出かけする際に、ありがちな問題です。

子どもがやる気にならないときには、ある共通点があります。

それは、「目標がない」ことです。

目標がなければ、何をもってできたとすればよいのかが分からないのです。

この場合であれば、目標は時間で設定します。

まずは、目標を子どもにとって実現可能な範囲で設定します。

そして、その目標の達成が難しいものであるかのように伝えます。

さらに、「これぐらいはできて当然」とか「○歳なら、これくらいまでできる」というようにして、基準を設けます。

このラインも、子どもにとって実現達成が可能な範囲にすることが重要です。

たとえば、着替えに5分かかるような子どもの場合であれば、「○年生の着替えは平均7分らしいよ？」というように挑発するのです。それで、5分や4分で着替える

ことができるのであれば、「おおっ、すごい！」とほめられます。
子どもががんばっても達成できないようであれば、子どもの意欲を削ぎかねません。
基準となるラインは、余裕をもって達成できる範囲にしましょう。その基準ラインが「挑戦してみたい」と思えるものになるように言葉を重ねていきます。

AFTER

〈出かける30分前〉

○○くん、準備できた？

うーん……まだ。

前に○○くんが準備するのにかかる時間を計っていたんだけど。20分かかっていたんだよ。**ちょっと情けないね。**【ため息法】

……。（そんなにかかっていたんだ……）

さっき調べてみたんだけど、9歳の子どもは、7分で準備ができるらしいよ。

○○くんは、10歳だね。何分で準備できそうかな？【基準法】

うーん、10分くらいかな。

まあ、9歳の子よりは早く準備できると思うけど。【当然法】

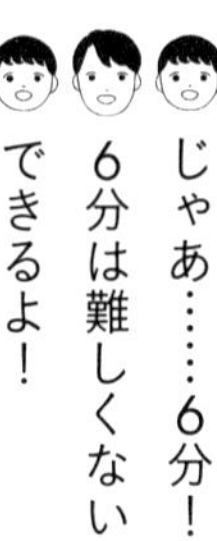

じゃあ……6分！

6分は難しくない？

できるよ！

そう。じゃあ、今日の準備は、6分に挑戦しておこうか。用意、ドン！

よーし、準備がんばるぞ！

挑発言葉の技法 04

ため息法

ため息法

親のがっかりする気持ちを伝える

親がわざとらしく残念がることによって、子どもたちの自発的なやる気を引き出すことをねらいます。親と子どもの信頼関係が強いほど、大きな効果を発揮します。皮肉の言葉を伝えて、子どもの意欲を焚きつけます。

◎ため息法の仲間

「もうちょっとだねえ」「残念」「たまたまかな？」「悲しいねえ……」「分かってないねえ……」「あと一歩だったねえ……」「99点」「うーん……何か、忘れているんじゃないかな？」

◎ため息法の例

漢字の宿題、できたよ。

うーん、もう少しだねえ……。

ん？　なんだろう。……あっ、漢字の線が1本足りない！

挑発言葉

挑発言葉の技法 05

基準法

基準法　子どもが到達できる範囲の基準を示す

どの程度までできればいいのか、具体的な基準を示します。**数値や具体例を提示して、向上心をくすぐる設定にします。**基準点があることにより、そのラインを越えようと努力するようになります。

◎基準法の仲間

「幼稚園の子どもがこれぐらい。中学生の子どもは、これぐらい。○○ちゃんは、どこを目指す?」「外の音が聞こえるくらい静かにできるかな?」

「本を声に出して読んでみよう。廊下に聞こえるくらいの大きさで」

◎基準法の例

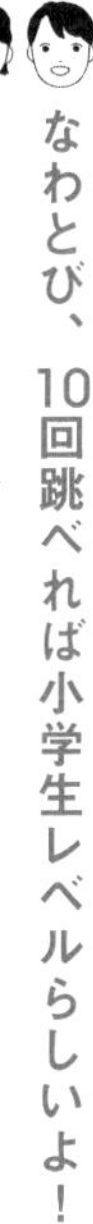
なわとび、10回跳べれば小学生レベルらしいよ!

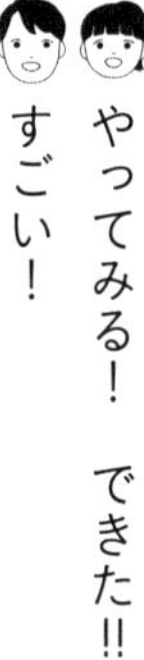
やってみる!　できた!!

すごい!

挑発言葉

当然法

……人と出会ったときには、挨拶するのがマナーなんだけどね。
おはようございます。
おはようございます。
あっ、そうだった！
おはようございます。

当然法

できていて当たり前のラインを示す

「これくらいはできていて当然」という言い方で、基本程度の状態を示します。そのプレッシャーで、「きちんとやらなくては」と気持ちを引き締めさせます。力を込めて伝えると嫌味になるので、軽くサラリと伝えましょう。

◎当然法の仲間

「6年生にもなれば、言われなくても、洗濯物があれば出すものなんだけどね」

「上靴を持って帰ってきたのなら、きれいに洗って持って行くものだけどね」

「食べる前に、手を合わせて『いただきます』って言うものだけどね」

◎当然法の例

〈家に帰って手を洗わないとき〉

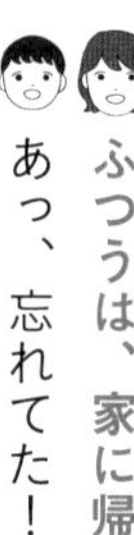

ふつうは、家に帰ったらすぐに手を洗うものだけどね。

あっ、忘れてた！

挑発言葉

CASE

20

学校のプリントを提出しないとき

BEFORE

学校のプリントは？　今日、もらったでしょう？

えー、ないよ。別に。

ないってことはないでしょう。ご近所さんとお話ししていて、プリントの話になって、お母さん分からなかったんだから。

あるでしょう？　とにかく、ランドセル、見せてみなさい！

……ちょっと、何よ、これ。10日も前のお手紙じゃないの。

出すのを忘れてた。

忘れてたじゃないでしょう！　ランドセルの奥、どうなってるの、これ？

うわっ……いい加減、片づけなさいよ！　もう6年生でしょう？

ああ、もう、うるさいなあ！　ほっといてよ！
僕のものなんだから、勝手にさわらないで！
○○ちゃんが、きちんとお手紙を出せばいいことでしょう！

POINT

おもしろおかしく追い詰める

子どもに注意して関係性が悪くなることが懸念されるようであれば、おもしろおかしいものにたとえてみせて、空気をあたためながら注意するようにしてみましょう。

ユーモアをふくませながら、伝えるべき内容を伝えていくようにするのです。

注意すべきところなのに、おかしなものにたとえてみせます。そうすると、子どもとしては、叱られているのだけれども、クスリと笑えるので、イヤな気持ちになりません。笑いとかユーモアには、受け入れさせやすくする効果があるのです。

また、子どもへの小言を言う際には、長々と話し出すように見せかけて、サッと切り上げてしまうのもよいでしょう。

「またお説教か……」と身構えている子どもも、「ああ、終わった」とホッとします。

挑発言葉

ちなみに、お説教を途中でやめると、**「ゼイガルニク効果」**が生じます。**途中でやめたものは、記憶に残りやすいという心理効果です。**TVドラマなどでは、「続きはまた来週！」といいところで終えてしまうので、続きが気になって、記憶に残りやすいのです。お説教を途中で切り上げれば、ホッとさせつつも、「何がいけなかったのか」をじっくりと考えさせることができます。

ただし、おもしろおかしく伝えるときは、子どもたちが望ましくない行動を繰り返してしまうことが起こりえます。おもしろおかしく伝えることが、子どもたちへの報酬となり、強化が起こる可能性があるのです。もしも望ましくない行動が続いてしまうようであるならば、おもしろおかしく伝える方法は用いないようにします。その行動に注目しないように心がけて、行動がおさまるのを待ちましょう。

AFTER

学校のプリントは？　今日、もらったでしょう？

えー、ないよ。別に。

ないってことはないでしょう。ご近所さんとお話ししていて、プリントの話になって、お母さん分からなかったんだから。

あるでしょう？　とにかく、ランドセル、見せてみなさい。

……ちょっと、何よ、これ。10日も前のお手紙じゃないの。

出すのを忘れてた。

忘れてたじゃないでしょう。

毎日毎日昔のプリントを入れて歩いているなんて……。

あなたは毎日、足のトレーニングしているの？【変なたとえ法】

だから最近サッカーが上手になったのかしら。

それよりも、ちょっとランドセルの奥……どうなってるの、これ？

昔のものがいっぱい。まるでタイムマシンみたいじゃないの！【変なたとえ法】

うん……。（笑）

まったく、もう6年生なんだから、いい加減自分1人で……。

ああ、もういい。【きりあげ法】

とにかく、お片づけしないと、重いでしょう？

トレーニングがしたいなら、それでいいんだけど。

お母さんもプリントが見れないと困るから、これからはきちんと出しなさいよ。

はーい。（よかった、怒られずにすんだ。これからは、気をつけよう）

挑発言葉

挑発言葉の技法 07

変なたとえ法

変なたとえ法

変なものにたとえて呼びかけたり注意したりする

変なものにたとえることで、緊張していた雰囲気をほぐしつつ、注意を促します。どのような例にするかは、普段から考えておくようにするとスムーズです。伝えたいことについて、「ほかのものにたとえるなら、何に似ているか」を想像してみましょう。

◎変なたとえ法の仲間

「カブトムシが飛び出すくらいのスピードで準備しなさい！」

「鉛筆から煙が出るくらいの速さで書こう！」

「ノロノロし過ぎ。牛じゃないんだから、まったく」

◎変なたとえ法の事例

そんな汚い字で書いて……お母さんが書道家だったら、破り捨ててるよ！

う、うん……。書き直そうかな。

挑発言葉

きりあげ法

まったく、だいたいねえ、
あなたは物を粗末にし過ぎなんだ。
この間も……もういいか。
ホッ。小言を言われずに済んだぞ。
今度から気をつけなきゃ……

きりあげ法

お説教を途中でやめる

クドクド言おうとしている小言を、途中でフッとやめてしまいます。子どもは続きが気になり、「続きを言われるとすると何か」とか「どうすればよかったのか」を自発的に考えるようになります。

◎きりあげ法の仲間

「こうするものなんだけどね……まあ、いいや」

「ちゃんとやらなきゃダメだろう……いや、なんでもないよ」

「常識的に考えれば〜だけどね。……まあ、よしとしよう」

「まったく、これだから……ああ、そうだ」

◎きりあげ法の事例

ここは危ないから、走ってはダメ！
まったくもう、大体ねえ……**いや、ちょっと言い過ぎたかな。**

（ホッ、怒られずに済んだ……ここで走ると、やっぱり危ないよな）

挑発言葉

CASE

21

片づけを手伝わないとき

BEFORE

（近所の子どもが集まってプール遊びをしている）

外遊び、楽しかったね。じゃあ、お片づけしようか。

わーい。もっと遊ぶ！

ちょっと、〇〇ちゃん、△△ちゃん！
お片づけまで、きちんとやらなきゃダメでしょう！

はーい……。（片づけなんて、おもしろくないなあ……）

POINT

代表できる子どもだけで行動する

きょうだいがいる場合に、何かの活動をさせていくにあたって、手を抜いてしまう子どもがいます。特に、ほかの家の子どもや親せきの子どもなど、たくさんの人数が集まって一緒に活動する場合には、その傾向が強くなります。

綱引きを大人数で行うと、少人数で引くよりも、1人あたりの力が弱まってしまうといわれています。これを「リンゲルマン効果」といいます。

手を抜いている状態を保っていると、「サボっていても大丈夫だ」と認識させてしまうかもしれません。

そこで、子どもの一人にお願いしてやってもらったり、あるいは代表者を募ったりして、その子どもだけで活動させるようにします。**そうやって、1人ひとりが自分の役割をもって仕事をすることの大切さを学び取らせます。**

一人の子どもががんばって活動する姿を見て、きょうだいの間で理想形を共有します。理想的な活動のイメージをもたせることで、一生懸命取り組むイメージをもたせるのです。

気をつけたいのは、きょうだいでの比較にならないようにすることです。

挑発言葉

「Aはできている。それに引き替えBは……」というニュアンスになってしまうと、取り返しのつかない傷になってしまうおそれがあります。

あくまでも、よいところを共有するという方向性で進めるようにしましょう。

AFTER

外遊び、楽しかったね。

じゃあ、お片づけしようか。お片づけ、大変だけど、できるかな？

できる！

じゃあまずは、浮き輪の空気を抜いてみようか。**お姉ちゃん、見本をやってみせてくれるかな。**【指名法】

いいよ。ほら。

さすが、上手だね。浮き輪の空気は、こんなふうに抜いてね。**テントをたたみたい人、いるかな？**【代表者法】

はーい！

じゃあ、手を挙げてくれた3人でテントをたたもう。ほかの人は、浮き輪の空気を抜いてくれるかな。

挑発言葉

挑発言葉の技法 09

指名法

指名法

親が依頼した人が活動する

親が依頼した子どもだけで、活動をやってみせます。きょうだいの間で、理想イメージを共有します。その子どもの行動のよいところを、きょうだいでふりかえることができるとなおよいでしょう。

◎ 指名法の仲間

「お兄ちゃんだけでやってみよう」「○○くんのいいところ、分かる？」
「お姉ちゃん、これやってみて」「○○くんってすごいね。何がすごいと思う？」

◎ 指名法の事例

○○くん、郵便の受け取り、やってくれる？
うん！　サイン を書いて……これでよし！
ありがとうね！
（ああやってやるのか、なるほど）

挑発言葉

挑発言葉の技法 10

代表者法

代表者法

代表者に限定して活動をすすめる

代表者を募って、活動をやります。代表者の動きを見ることにより、きょうだいの間でよいイメージをもつことができます。そのイメージに近づけようとすることで、よい高まりが生まれます。

◎代表者法の仲間

「バッチリできる人！」

「本気でやりたい人だけでやろう」

「自信がある人だけ、一緒にやろう」

「チャレンジャー、募集！」

◎代表者法の事例

夕食の準備、やってみたい人！

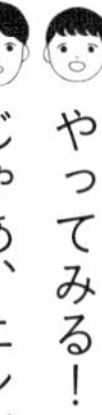
やってみる！

じゃあ、ニンジンの皮むきは、○○ちゃんにお願いしよう。

挑発言葉

◎言葉かけの技法チェックリスト

ほめ言葉

No.	技法		内容	ページ
1	驚き法	□	子どもの言動に親が驚いてみせる	054
2	やり過ぎ法	□	子どもの言動をおおげさに評価する	056
3	意見法	□	子どもに親の意見を伝える	058
4	ますます法	□	従来よりもよくなっている状態をほめる	064
5	価値づけ法	□	なぜ優れているのかを価値づける	066
6	伝聞法	□	人から聞いたほめ言葉を本人に伝える	072
7	お手本法	□	お手本になってもらい、優れている点をほかの子どもに気づかせる	074
8	感謝法	□	感謝の気持ちを伝える	080
9	尊敬法	□	尊敬の念を伝える	082
10	うれしいたとえ法	□	子どものがんばりを、ほかのものにたとえて表現する	084

叱り言葉

No.	技法	チェック	内容	ページ
1	無視法	☐	子どもの望ましくない行動に一切注目しない	116
2	取り上げ法	☐	子どもにとって快となるモノや活動を取り上げる	118
3	さっぱり否定法	☐	言動を無表情で否定する	120
4	怒責法	☐	怒りを込めて厳しく叱る	126
5	理詰め法	☐	叱っている理由を説明する	128
6	過剰修正法	☐	やった行動より大きく修正させる	134
7	忠言法	☐	ほかの人に伝えることを促す	136
8	落胆法	☐	子どもに失望している気持ちを伝える	142
9	大事法	☐	大切に思う気持ちを全面に押し出す	144
10	依頼法	☐	子どもを立てつつ、お願いする	146

問いかけ言葉

はげまし言葉

No.	技法	チェック	内容	ページ
1	受け止め法	▢	子どもの気持ちを受け止める	226
2	例示法	▢	自分や他者の体験を例に挙げる	228
3	吐き出し法	▢	感情の出し方を伝える	230
4	気づき法	▢	「今あるもの」に目を向けさせる	238
5	視点かえ法	▢	コインの表裏をひっくり返すように捉え方を変える	240
6	再否定法	▢	子どもの謙遜を、さらに否定する	242
7	勧誘法	▢	前向きに行動する気持ちを子どもに持たせる	248
8	肯定法	▢	肯定的な言葉で自信をもたせる	250
9	応援法	▢	応援している気持ちを伝える	254
10	脱力法	▢	子どもを脱力させて、前向きな気持ちを持たせる	256

挑発言葉

No.	名称	内容	ページ
1	言いかけ法	言いかけてやめる	274
2	とぼけ法	子どもの知っていることやできることを否定的に提示する	276
3	制止法	活動に取り組むことを初めから制止する	278
4	ため息法	親のがっかりする気持ちを伝える	284
5	基準法	子どもが到達できる範囲の基準を示す	286
6	当然法	できていて当たり前のラインを示す	288
7	変なたとえ法	変なものにたとえて呼びかけたり注意したりする	294
8	きりあげ法	お説教を途中でやめる	296
9	指名法	親が依頼した人が活動する	302
10	代表者法	代表者に限定して活動をすすめる	304

おわりに

人間の一生にとって、「子どもの時代」というのは、ごくわずかなものです。

そのわずかな期間は、多感です。この時期に、生きるための術（すべ）を身につけるのです。

親の言葉かけ一つで「自分はやればできるんだ」という希望をもつ子どもがいます。

「何をやってもダメなんだ」と一生傷つき続けてしまうような子どももいます。

だから親は、子どもにかける言葉について、注意をはらわねばなりません。


子育ては、難しいものです。

多くの場合、家の中にいるのは、親と子どもだけ。

言葉のかけ方が「やりすぎ」であるかとか、本当に効果のある言葉かけなのかどうかは、親が内省することでしか確かめようがありません。

だからこそ、知っておく必要があるのだと思います。

子をもつ親は「言葉の技法」を会得しておかなければならないのだと考えます。

1つの詩を紹介します。

けなされて育つと、子どもは、人をけなすようになる
とげとげした家庭で育つと、子どもは、乱暴になる
不安な気持ちで育てると、子どもも不安になる
「かわいそうな子だ」と言って育てると子どもは、みじめな気持ちになる
子どもを馬鹿にすると、引っ込み思案な子になる
親が他人をうらやんでばかりいると、子どもも人をうらやむようになる
叱りつけてばかりいると、子どもは「自分は悪い子なんだ」と思ってしまう
励ましてあげれば、子どもは、自信を持つようになる
広い心で接すれば、キレる子にはならない
誉めてあげれば、子どもは、明るい子に育つ
愛してあげれば、子どもは、人を愛することを学ぶ
認めてあげれば、子どもは、自分が好きになる
見つめてあげれば、子どもは、頑張り屋になる
分かち合うことを教えれば、子どもは、思いやりを学ぶ

親が正直であれば、子どもは、正直であることの大切さを知る
子どもに公平であれば、子どもは、正義感のある子に育つ
やさしく、思いやりをもって育てれば、子どもは、やさしい子に育つ
守ってあげれば、子どもは、強い子に育つ
和気あいあいとした家庭で育てば、
子どもは、この世の中はいいところだと思えるようになる

ドロシー・ロー・ノルト

子どもを伸ばすための言葉かけは、多く存在しています。

子育てには愛情が欠かせませんが、同じくらい「言葉かけの技術」も必要です。

親が愛情をもち、言葉かけの技術を磨けたならば、親と子どもの関係はよりよいものになり、子どもを幸せな道へと導いていくことができるのではないでしょうか。

子育てのコツは、子どもの可能性を信じて、小さな成長を楽しむことにあります。

言葉かけの技法を会得して、子育てをもっと楽しんでみましょう。

本書に掲載する言葉かけが、各家庭の子どもの人生にとってプラスになることを、心より願っています。

参考文献

・三好真史『教師の言葉かけ大全』東洋館出版社（２０２０）
・佐藤亮子『子育ては声かけが９割』東洋経済新報社（２０２２）
・木下山多『サンタが贈るお母さんの教科書 ――あなたがママなら大丈夫！』こう書房（２０１１）
・ドロシー・ロー・ノルト、レイチャル・ハリス著、石井千春訳『子どもが育つ魔法の言葉』ＰＨＰ文庫（２００３）
・西村貴好『ほめ達！検定　公式テキスト』日本能事協会マネジメントセンター（２０１３）
・ジョン・ロック著　北本正章訳『子どもの教育』原書房（２０１１）
・山口薫『発達の気がかりな子どもの上手なほめ方しかり方――応用行動分析学で学ぶ子育てのコツ』学研プラス（２０１０）
・多湖輝『頭のいい子に育つしつけの習慣』ＰＨＰ研究所（２００９）
・藤坂龍司・松井絵理子『イラストでわかるＡＢＡ実践マニュアル――発達障害の子のやる気を引き出す行動療法』合同出版（２０１５）
・てぃ先生『子どもが伸びるスゴ技大全　カリスマ保育士てぃ先生の子育て〇×図鑑』ダイヤモンド社（２０２１）
・てぃ先生『子どもに伝わるスゴ技大全　カリスマ保育士てぃ先生の子育てで困ったら、これやってみ！』ダイヤモンド社（２０２０）

・原田綾子『アドラー式「言葉かけ」練習帳』日本能率協会マネジメントセンター（2015）
・鎌原雅彦、竹綱誠一郎『やさしい教育心理学』有斐閣カルマ（1999）
・古川聡編『教育心理学をきわめる10のチカラ』福村出版（2019）
・岩下修『AさせたいならBと言え——心を動かす言葉の原則』明治図書（1988）
・白崎あゆみ『子どもの自己肯定感が高まる天使の口ぐせ』マキノ出版（2020）
・船津徹『世界標準の子育て』ダイヤモンド社（2017）
・ダニエル・J・シーゲル、ティナ・ペイン・ブライソン著、桐谷知未訳『子どもの「才脳」を最大限に伸ばす　自己肯定感を高める子育て』大和書房（2018）
・内藤誼人『すごい！ホメ方』廣済堂文庫（2007）
・島村華子『モンテッソーリ教育・レッジョ・エミリア教育を知り尽くしたオックスフォード児童発達学博士が語る　自分でできる子に育つほめ方叱り方』ディスカバー・トゥエンティワン（2020）
・野口勢津子『イライラしないママになれる本　子育てがラクになるアドラーの教え』秀和システム（2015）
・加藤紀子『最先端の新常識×子どもに一番大事なことが1冊で全部丸わかり　子育てベスト100』ダイヤモンド社（2020）
・P・A・アルバート、A・C・トルーマン著、佐久間徹、谷晋二、大野裕史訳『はじめての応用行動分析』二瓶社（2004）
・新井紀子『AI vs. 教科書が読めない子どもたち』東洋経済新報社（2018）
・谷口祥子『図解入門ビジネス　最新コーチングの手法と実践がよ〜くわかる本【第3版】』秀和シ

ステム（2016）
・浦上大輔『たった1分で相手をやる気にさせる話術PEPTALK（ペップトーク）』フォレスト出版（2017）
・ジョン・M・デュセイ著、新里里春訳『エゴグラム　ひと目でわかる性格の自己診断』創元社（2000）
・菅原裕子『コーチングの技術　上司と部下の人間学』講談社現代新書（2003）
・浅井千穂、坂田芳美編著『入門TA：あなたの人間関係をCOOL-UP！する　はじめの1冊』TA教育研究会（2010）
・天野ひかり『子どもが聴いてくれて話してくれる会話のコツ』サンクチュアリ出版（2016）
・岸見一郎『アドラー心理学入門』ベストセラーズ（1999）
・鈴木義幸『この1冊ですべてわかる　コーチングの基本』日本実業出版社（2009）
・八巻秀『アドラー心理学――人生を変える思考スイッチの切り替え方』ナツメ社（2015）
・アルフレッド・アドラー著、岸見一郎訳『子どもの教育』アルテ（2013）
・ニコラ・シュミット著、鈴木ファストアーベント理恵訳『怒らないをやってみた子育てライフ』サンマーク出版（2022）
・伊藤守『コーチングマネジメント――人と組織のハイパフォーマンスをつくる』ディスカバー・トゥエンティワン（2002）
・伊藤正人『行動と学習の心理学　日常生活を理解する』昭和堂（2005）
・ローラ・ウィットワース、キャレン・キムジーハウス、ヘンリー・キムジーハウス、フィル・サンダール著、CTIジャパン訳『コーチング・バイブル（第4版）：人の潜在力を引き出す協働的コミュニケー

ション』東洋経済新報社（2020）
・shizu著、平岩幹男監修『発達障害の子どもを伸ばす魔法の言葉かけ』講談社（2013）
・中野信子『毒親　毒親育ちのあなたと毒親になりたくないあなたへ』ポプラ社（2020）
・山口創『子育てに効くマインドフルネス　親が変わり、子どもも変わる』光文社新書（2017）
・イアン・スチュアート、ヴァン・ジョインズ著、深沢道子訳『TA TODAY』実務教育出版（1991）
・芦原睦『エゴグラム――あなたの心には5人家族が住んでいる。』扶桑社（1998）
・齋藤直美『叱り方ハンドブック』中経出版（2010）
・本間正人、祐川京子『ほめ言葉ハンドブック』PHP文庫（2011）
・神岡真司『仕事が思い通りになる！　ほめ方心理術』キノブックス（2018）
・アンジェラ・ダックワース著、神崎朗子訳『やり抜く力　GRIT（グリット）――人生のあらゆる成功を決める「究極の能力」を身につける』ダイヤモンド社（2016）

【著者プロフィール】
三好真史（みよし・しんじ）
堺市立小学校教師・メンタル心理カウンセラー
1986年大阪府生まれ。大阪教育大学教育学部卒。教育サークル『ふくえくぼの会』代表。小学校教師として勤めながら、言葉かけの効果についての研究をすすめる。令和4年度より京都大学大学院教育学研究科に在籍。著書に『子どもがつながる！ クラスがまとまる！学級あそび101』（学陽書房）、『教師の言葉かけ大全』（東洋館出版社）など多数。

子どもがまっすぐ育つ言葉かけ大全

2023年1月23日　　初版発行

著　者　三好真史
発行者　太田　宏
発行所　フォレスト出版株式会社
〒162-0824 東京都新宿区揚場町2-18　白宝ビル7F
電話　03-5229-5750（営業）
03-5229-5757（編集）
URL　http://www.forestpub.co.jp

印刷・製本　萩原印刷株式会社

ISBN978-4-86680-213-8　Printed in Japan